BestMasters

Mit **„BestMasters“** zeichnet Springer die besten Masterarbeiten aus, die an renommierten Hochschulen in Deutschland, Österreich und der Schweiz entstanden sind. Die mit Höchstnote ausgezeichneten Arbeiten wurden durch Gutachter zur Veröffentlichung empfohlen und behandeln aktuelle Themen aus unterschiedlichen Fachgebieten der Naturwissenschaften, Psychologie, Sozialwissenschaften, Technik und Wirtschaftswissenschaften. Die Reihe wendet sich an Praktiker und Wissenschaftler gleichermaßen und soll insbesondere auch Nachwuchswissenschaftlern Orientierung geben.

Springer awards **“BestMasters”** to the best master’s theses which have been completed at renowned Universities in Germany, Austria, and Switzerland. The studies received highest marks and were recommended for publication by supervisors. They address current issues from various fields of research in natural sciences, psychology, social sciences, technology, and economics. The series addresses practitioners as well as scientists and, in particular, offers guidance for early stage researchers.

Leon Hierath

Disquotale Gewinnausschüttungen und Einlagen

Steuerliche Würdigung und Gestaltungsmöglichkeiten

Springer Gabler

Leon Hierath
Sozial- und Wirtschaftswissenschaften
Otto-Friedrich-Universität Bamberg
Bamberg, Deutschland

Die nachstehende Arbeit wurde im Sommersemester 2024 als Masterarbeit an der Otto-Friedrich-Universität Bamberg, Fakultät Sozial- und Wirtschaftswissenschaften, eingereicht.

ISSN 2625-3577 ISSN 2625-3615 (electronic)
BestMasters
ISBN 978-3-658-49848-1 ISBN 978-3-658-49849-8 (eBook)
https://doi.org/10.1007/978-3-658-49849-8

Die Deutsche Nationalbibliothek verzeichnet diese Publikation in der Deutschen Nationalbibliografie; detaillierte bibliografische Daten sind im Internet über https://portal.dnb.de abrufbar.

Planung/Lektorat: Karina Kowatsch
Springer Gabler ist ein Imprint der eingetragenen Gesellschaft Springer Fachmedien Wiesbaden GmbH und ist ein Teil von Springer Nature.
Die Anschrift der Gesellschaft ist: Abraham-Lincoln-Str. 46, 65189 Wiesbaden, Germany

Interessenkonflikt Der/die Autor*in hat keine für den Inhalt dieses Manuskripts relevanten Interessenkonflikte.

Inhaltsverzeichnis

1 Einleitung ... 1

2 Disquotale Gewinnausschüttungen ... 3
2.1 Grundlagen der zivilrechtlichen Gewinnverteilung ... 3
2.1.1 Zivilrechtliche Gewinnverteilung bei Personengesellschaften ... 3
2.1.2 Zivilrechtliche Gewinnverteilung bei Kapitalgesellschaften ... 6
2.2 Besteuerung der Gewinnausschüttung auf Gesellschafterebene ... 9
2.2.1 Besteuerung der Gesellschafter einer Personengesellschaft ... 9
2.2.2 Besteuerung der Gesellschafter einer Kapitalgesellschaft ... 10
2.3 Zivil- und steuerrechtliche Anerkennung disquotaler Gewinnausschüttungen ... 11
2.3.1 Voraussetzungen für die Anerkennung bei Personengesellschaften ... 11
2.3.2 Voraussetzungen für die Anerkennung bei Kapitalgesellschaften ... 14
2.4 Ertragsteuerliche Behandlungen disquotaler Gewinnausschüttungen ... 21
2.4.1 Ertragsteuerliche Behandlung bei Anerkennung der Gewinnverteilung ... 21

2.4.2 Ertragsteuerliche Behandlung bei Versagung der Gewinnverteilung ... 22
2.5 Erbschaft- und schenkungsteuerliche Behandlung disquotaler Gewinnausschüttungen ... 30
2.5.1 Besteuerung disquotaler Gewinnausschüttungen ... 30
2.5.1.1 Schenkungsteuerbarkeit bei Personengesellschaften ... 31
2.5.1.2 Schenkungsteuerbarkeit im Verhältnis zur Kapitalgesellschaft ... 34
2.5.1.3 Schenkungsteuerbarkeit im Verhältnis zu den Mitgesellschaftern ... 35
2.5.2 Übertragung eines Gesellschaftsanteils ... 37
2.5.2.1 Bewertung einer Beteiligung an einer Personengesellschaft ... 37
2.5.2.2 Bewertung eines Gesellschaftsanteils an einer Kapitalgesellschaft ... 42
2.6 Verhältnis zwischen Einkommen- und Schenkungsteuer – Belastungsvergleich ... 44
2.7 Gestaltungsmöglichkeiten disquotaler Gewinnausschüttungen ... 48
2.7.1 Zahlungswirksame Weiterleitung des Gewinns an Mitgesellschafter ... 49
2.7.2 Schuldrechtliche Vergütung besonderer Gesellschafterleistungen ... 50
2.7.3 Vorzugsanteile ... 52
2.7.4 Tracking Stocks ... 54
2.7.5 Carried Interest ... 57
2.7.6 Gespaltene Gewinnausschüttungen ... 60

3 Disquotale Einlagen ... 65
3.1 Grundlagen der Einlagen ... 65
3.1.1 Kapitalkonten und Einlagen in eine Personengesellschaft ... 66
3.1.2 Steuerliches Einlagekonto nach § 27 KStG ... 68
3.2 Zivil- und steuerrechtliche Anerkennung disquotaler Einlagen ... 71
3.3 Ertragsteuerliche Behandlung disquotaler Einlagen ... 71

3.4 Erbschaft- und schenkungsteuerliche Behandlung disquotaler Einlagen ... 75
3.4.1 Behandlung disquotaler Einlagen in Kapitalgesellschaften ... 75
3.4.2 Behandlung disquotaler Einlagen in Personengesellschaften ... 81

4 Fazit ... 87

Verzeichnis der Rechtsquellen, Drucksachen und Verwaltungsanweisungen ... 91

Rechtsprechungsverzeichnis ... 95

Verzeichnis der Gesetzeskommentare und Handbücher ... 99

Literaturverzeichnis ... 105

Abkürzungsverzeichnis

a. A.	anderer Auffassung
Abs.	Absatz
a. F.	alte Fassung
AG	Aktiengesellschaft / Die Aktiengesellschaft (Zeitschrift)
AktG	Aktiengesetz
AO	Abgabenordnung
Aufl.	Auflage
BayLfSt	Bayerisches Landesamt für Steuern
BayObLG	Bayerisches Oberstes Landesgericht
BB	Betriebs-Berater (Zeitschrift)
BBK	NWB Rechnungswesen (Zeitschrift)
BeckOK	Beck'scher Online-Kommentar
BeckRS	Beck-Rechtsprechung
BeitrRLUmsG	Beitreibungsrichtlinie-Umsetzungsgesetz
ber.	berichtigt
BewG	Bewertungsgesetz
BFH	Bundesfinanzhof
BGB	Bürgerliches Gesetzbuch
BGBl.	Bundesgesetzblatt
BGH	Bundesgerichtshof
BMF	Bundesministerium der Finanzen
bspw.	beispielsweise
BStBl.	Bundessteuerblatt
BT-Drs.	Bundestagsdrucksache

Buchst.	Buchstabe
BVerfG	Bundesverfassungsgericht
DB	Der Betrieb (Zeitschrift)
DNotZ	Deutsche Notar-Zeitschrift
DStR	Deutsches Steuerrecht (Zeitschrift)
DStRK	Deutsches Steuerrecht kurzgefasst (Zeitschrift)
DStZ	Deutsche Steuer-Zeitung
Ed.	Edition
EFG	Entscheidungen der Finanzgerichte (Zeitschrift)
EL	Ergänzungslieferung
ErbBstg	Erbfolgebesteuerung (Zeitschrift)
ErbStB	Erbschaftsteuer-Steuerberater (Zeitschrift)
ErbStG	Erbschaftsteuer- und Schenkungsteuergesetz
ErbStR	Erbschaftsteuer-Richtlinien
ErbStRG	Erbschaftsteuerreformgesetz
ESt	Einkommensteuer
EStG	Einkommensteuergesetz
EStH	Einkommensteuer-Hinweise
EStR	Einkommensteuer-Richtlinien
et al.	et alii (und andere)
EUR	Euro
f. / ff.	folgende / fortfolgende
FG	Finanzgericht
FG NI	Finanzgericht Niedersachsen
FG RP	Finanzgericht Rheinland-Pfalz
FR	Finanzrundschau (Zeitschrift)
Frankfurt/M.	Frankfurt am Main
GA	Gewinnausschüttung
GbR	Gesellschaft bürgerlichen Rechts
GE	Geldeinheiten
GF	Geschäftsführer
ggf.	gegebenenfalls
GmbH	Gesellschaft mit beschränkter Haftung
GmbHG	Gesetz betreffend die Gesellschaften mit beschränkter Haftung
GmbHR	GmbHRundschau (Zeitschrift)
GmbH-StB	GmbH-Steuerberater (Zeitschrift)
GRL	Gewinnrücklage
gW	gemeiner Wert
GWR	Gesellschafts- und Wirtschaftsrecht (Zeitschrift)

H	Hinweis
HFR	Höchstrichterliche Finanzrechtsprechung (Zeitschrift)
HGB	Handelsgesetzbuch
h. M.	herrschende Meinung
Hrsg.	Herausgeber
Hs.	Halbsatz
i. d. R.	in der Regel
i. H. v.	in Höhe von
insb.	insbesondere
i. S. d.	im Sinne des / im Sinne der
i. V. m.	in Verbindung mit
JÜ	Jahresüberschuss
KapESt	Kapitalertragsteuer
KapGes	Kapitalgesellschaft
KG	Kommanditgesellschaft
KGaA	Kommanditgesellschaft auf Aktien
KÖSDI	Kölner Steuerdialog (Zeitschrift)
KStG	Körperschaftsteuergesetz
LG	Landgericht
MA	Musterabkommen
MittBayNot	Mitteilungen des Bayerischen Notarvereins (Zeitschrift)
MoPeG	Gesetz zur Modernisierung des Personengesellschaftsrechts
NJW	Neue Juristische Wochenschrift (Zeitschrift)
Nr.	Nummer
NWB-EV	Erben und Vermögen (Zeitschrift)
NZG	Neue Zeitschrift für Gesellschaftsrecht
OECD	Organisation für wirtschaftliche Zusammenarbeit und Entwicklung
OFD	Oberfinanzdirektion
OHG	Offene Handelsgesellschaft
OLG	Oberlandesgericht
p. a.	per annum
PersGes	Personengesellschaft
phG	persönlich haftender Gesellschafter
R	Richtlinie
RG	Reichsgericht
RGBl.	Reichsgesetzblatt
RGZ	Entscheidungssammlung des Reichsgerichts in Zivilsachen
Rn.	Randnummer

RNotZ	Rheinische Notar-Zeitschrift
S.	Satz / Seite
SolZG	Solidaritätszuschlaggesetz
SPD	Sozialdemokratische Partei Deutschlands
steuerpfl.	steuerpflichtiger
StuB	Unternehmenssteuern und Bilanzen (Zeitschrift)
TEV	Teileinkünfteverfahren
Tz.	Textziffer
u.	und
u. a.	unter anderem
Ubg	Die Unternehmensbesteuerung (Zeitschrift)
UntStRefG	Unternehmensteuerreformgesetz
u. U.	unter Umständen
UVR	Umsatzsteuer- und Verkehrsteuer-Recht (Zeitschrift)
v.	vom
vGA	verdeckte Gewinnausschüttung
Vgl.	vergleiche
WPg	Die Wirtschaftsprüfung (Zeitschrift)
ZEV	Zeitschrift für Erbrecht und Vermögensnachfolge
ZGR	Zeitschrift für Unternehmens- und Gesellschaftsrecht
ZIP	Zeitschrift für Wirtschaftsrecht
zvE	zu versteuerndes Einkommen

Abbildungsverzeichnis

Abbildung 2.1 Mögliche Folgen einer nicht anerkannten disquotalen GA bei KapGes 24

Abbildung 2.2 Quotale GA & Schenkung versus disquotale GA – Darstellung 45

Tabellenverzeichnis

Tabelle 2.1 Anteilsbewertung an PersGes bei Vereinbarung von Vorabgewinnvergütungen 40
Tabelle 2.2 Quotale GA & Schenkung versus disquotale GA – Belastungsvergleich 46
Tabelle 2.3 Disquotale GA versus Tätigkeitsvergütung – Belastungsvergleich 51
Tabelle 2.4 Gespaltene GA – Gewinnentwicklung im Musterfall 63
Tabelle 2.5 Gespaltene GA – Fiktiver Zinsvorteil durch Gewinnthesaurierung 64

1 Einleitung

Disquotale, auch als inkongruente und disproportionale bezeichnete, Gewinnausschüttungen zeichnen sich durch eine Gewinnausschüttung an die Gesellschafter aus, welche nicht mit den kapitalmäßigen Beteiligungsverhältnissen an der Gesellschaft übereinstimmt.[1] Derartige Gewinnausschüttungen können sowohl offen erfolgen als auch in Form von verdeckten Gewinnausschüttungen auftreten, welche grundsätzlich ebenfalls disquotal verteilt werden.[2] Die Gründe für die Vereinbarung einer solchen Gewinnausschüttung sind vielfältig und können sowohl auf wirtschaftlichen als auch persönlichen Interessen der Gesellschafter beruhen.[3] Neben der Erfüllung eines erhöhten Liquidationsbedarfs einzelner Gesellschafter, kann eine disquotale Gewinnausschüttung genutzt werden, um besondere Leistungen der jeweiligen Gesellschafter zu entlohnen. Investoren von Start-ups lassen sich zudem ihren risikobehafteten Kapitaleinsatz mittels eines überquotalen Gewinnanspruchs vergüten.[4] Gleichwohl beruhen disquotale Gewinnausschüttungen teilweise auch auf steuerlichen Gründen, indem vorhandene verrechenbare Verluste oder ein progressiver Steuertarif zur Minderung der Gesamtsteuerbelastung der Gesellschafter genutzt werden sollen.[5] Vor allem bei Familiengesellschaften kann die Ursache disquotaler Gewinnausschüttungen auch in der Durchführung einer vorweggenommenen Erbfolge liegen.[6]

[1] Vgl. Hamacher, S. (2024), § 8 Rn. 508.

[2] Vgl. Werner, R. (2023), S. 869.

[3] Vgl. Birnbaum, M., Escher, J. (2014), S. 1413.

[4] Vgl. Kamchen, S., Kling, J. (2015), S. 819.

[5] Vgl. Erhart, G., Riedel, H. (2008), S. 2266.

[6] Vgl. Erhart, G., Riedel, H. (2008), S. 2266.

L. Hierath, *Disquotale Gewinnausschüttungen und Einlagen*, BestMasters,
https://doi.org/10.1007/978-3-658-49849-8_1

Das Pendant zu den disquotalen Gewinnausschüttungen stellen die disquotalen Einlagen dar. Diese liegen im Falle einer Einlageleistung der Gesellschafter vor, die nicht den kapitalmäßigen Beteiligungsverhältnissen der Gesellschafter entspricht.[7] Von dem Begriff der disquotalen Einlage werden gleichwohl auch Konstellationen umfasst, in denen lediglich vereinzelte Gesellschafter eine Einlage tätigen.[8] Die Motive einer solchen disquotalen Einlage können u. a. den finanziellen Bedürfnissen einzelner Gesellschafter geschuldet sein oder auf unterschiedlichen Arbeitsleistung, eingebrachtem Know-how sowie anderweitigen Leistungen einzelner Gesellschafter beruhen. Zudem kann eine Vermögensverschiebung an die Mitgesellschafter, insbesondere im Fall von Familienpersonengesellschaften, erwünscht sein.[9]

Im Rahmen dieser Masterarbeit werden zunächst die zivil- und steuerrechtlichen Grundsätze der Gewinnverteilung bei Personen- und Kapitalgesellschaften dargestellt. Daran anschließend erfolgt eine Analyse und Erläuterung der Voraussetzungen und Möglichkeiten der zivil- und steuerrechtlichen Herbeiführung offener disquotaler Gewinnverteilungsabreden. Im Anschluss daran werden die ertrag- und schenkungsteuerlichen Folgen einer disquotalen Gewinnausschüttung dargelegt, woraufhin diesbezüglich Gestaltungsmöglichkeiten für die Praxis aufgezeigt werden. Der zweite Teil dieser wissenschaftlichen Arbeit befasst sich mit dem Gestaltungsinstrument der disquotalen Einlagen. Im Zuge dessen werden die Grundlagen der Einlagen in Personen- und Kapitalgesellschaften erläutert und daran anschließend die ertrag- und schenkungsteuerlichen Folgen disquotaler Einlagen aufgezeigt. Es soll unter Rückgriff auf die Rechtsauffassung der Literaturmeinung, Rechtsprechung und Finanzverwaltung untersucht werden, inwiefern steuerliche Regelungen möglichen Gestaltungsformen entgegenstehen und wie diese steuerlich gewürdigt werden. Die nachfolgenden Betrachtungen umfassen sowohl Kapital- als auch Personengesellschaften, wobei der Gang der Untersuchung bei letztgenannten Gesellschaftsformen vorwiegend auf gewerbliche Mitunternehmerschaften beschränkt wird.

[7] Vgl. Groh, M. (1999), S. 1050.

[8] Vgl. Birnbaum, M. (2009), S. 125.

[9] Vgl. Kleinert, J. et al. (2024), S. 785.

2 Disquotale Gewinnausschüttungen

2.1 Grundlagen der zivilrechtlichen Gewinnverteilung

2.1.1 Zivilrechtliche Gewinnverteilung bei Personengesellschaften

Zur Darlegung der Gewinnverteilung bei Personengesellschaften ist eine Differenzierung zwischen den Gesellschaftsformen erforderlich.[1] Handelt es sich um eine Gesellschaft bürgerlichen Rechts (GbR) war vor den Gesetzesänderungen durch das Gesetz zur Modernisierung des Personengesellschaftsrechts (MoPeG) für die Gewinnverteilung zunächst entscheidend, ob die Gesellschaft auf längere Dauer besteht. Grundsätzlich bestand ein Anspruch der Gesellschafter auf den Rechnungslegungsabschluss und die Verteilung des Gewinns gemäß § 721 Abs. 1 BGB a. F. erst nach Auflösung der Gesellschaft. Lediglich bei Gesellschaften von längerer Dauer hatten der Rechnungsabschluss und die Gewinnverteilung gemäß § 721 Abs. 2 BGB a. F. im Zweifel am Schluss jedes Geschäftsjahrs stattzufinden.[2] Wurde kein Verteilungsmaßstab festgelegt, erfolgte die Ergebnisverteilung gemäß § 722 Abs. 1 BGB a. F. nach Köpfen.[3]

Infolge des MoPeG veränderte sich das Leitbild der GbR von einer Gelegenheitsgesellschaft hin zu einer über eine gewisse Weile bestehenden Gesellschaftsform.[4] Die Intention des Gesetzgebers verwirklicht sich u. a. in der Neuregelung der Gewinnverteilung, welche gemäß § 718 BGB im Grundsatz nicht erst nach

[1] Vgl. Gesell, H. (2020), § 4 Rn. 116 ff.

[2] Vgl. Schäfer, C. (2020), § 721 Rn. 1 ff.

[3] Vgl. Gummert, H. (2019), § 15 Rn. 4.

[4] Vgl. BT-Drs. 19/27635, S. 105.

L. Hierath, *Disquotale Gewinnausschüttungen und Einlagen*, BestMasters,
https://doi.org/10.1007/978-3-658-49849-8_2

Auflösung der Gesellschaft, sondern zum Schluss jedes Kalenderjahres durchzuführen ist.[5] Eine Verteilung des Ergebnisses nach dem Kopfprinzip erfolgt gemäß § 709 Abs. 3 S. 2 u. 3 BGB infolge der Gesetzesänderungen nur noch auf dritter Ebene.[6] Im Regelfall soll demnach gemäß § 709 Abs. 3 S. 1 BGB das vereinbarte Beteiligungsverhältnis für die Verteilung maßgeblich sein. Es wird folglich davon ausgegangen, dass die Gesellschafter bereits bei Gründung eine Vereinbarung über die Gewinnverteilung getroffen haben. Ist dies nicht gegeben, erfolgt die Verteilung auf zweiter Stufe nach dem Verhältnis der vereinbarten Werte der Gesellschafterbeiträge.[7] Wurden die Werte der Beiträge nicht bestimmt, ist die Verteilung auf dritter Stufe nach Köpfen durchzuführen.[8] Der gesetzlich neugefasste Verteilungsmaßstab folgt somit der bereits in der Praxis weit verbreiteten Ausgestaltung.[9] Der Anspruch des Gesellschafters auf die tatsächliche Auszahlung des anteiligen Gewinns richtet sich gegen die Gesellschaft und entsteht infolge der Feststellung des Rechnungsabschlusses durch die Gesellschafterversammlung, welche gemäß § 714 BGB grundsätzlich einstimmig zu erfolgen hat.[10]

Durch § 708 BGB wird klargestellt, dass die aufgeführten Regelungen zur Gewinnverteilung dispositiv sind und von diesen somit, wie bereits vor den Gesetzesänderungen durch das MoPeG allgemein anerkannt[11], durch entsprechende Regelungen im Gesellschaftsvertrag abgewichen werden kann.[12] Durch die Einführung der Gesetzesnorm soll die Privatautonomie der Gesellschafter und daran anknüpfend die Abschluss- und Gestaltungsfreiheit abgebildet werden.[13] Den Gesellschaftern steht es somit frei, den Maßstab der Gewinnverteilung im Gesellschaftsvertrag oder im Nachhinein mittels eines den Gesellschaftsvertrag ändernden Gesellschafterbeschlusses abweichend von dem gesetzlichen Grundsatz festzulegen.[14]

---

[5] Vgl. Kilian, M. (2024), § 718 Rn. 1.

[6] Vgl. Schäfer, C. (2024a), § 709 Rn. 26.

[7] Es wird auf die vereinbarten Werte abgestellt, da es für die tatsächlichen Werte der Gesellschafterbeiträge eines aufwendigen Bewertungsverfahrens bedürfte, vgl. BT-Drs. 19/27635, S. 143.

[8] Vgl. Kilincsoy, E. (2021), S. 249.

[9] Vgl. Schäfer, C. (2024a), § 709 Rn. 28.

[10] Vgl. Könen, D. (2024), § 709 Rn. 33.

[11] Vgl. Servatius, W. (2024), § 708 Rn. 1.

[12] Vgl. Schäfer, C. (2024b), § 714 Rn. 2.

[13] Vgl. BT-Drs. 19/27635, S. 140.

[14] Vgl. Lieder, J (2023), § 708 Rn. 2 f.

Das MoPeG führte zudem zu Änderungen der Ergebnisverteilung bei den Personenhandelsgesellschaften. Vor den Gesetzesänderungen erfolgte bei offenen Handelsgesellschaften (OHG) gemäß § 121 Abs. 1 HGB a. F. zunächst die Verteilung einer Vordividende in Höhe von grundsätzlich 4 % des Kapitalanteils des Gesellschafters. Die Vordividende galt als Gewinnanteil und stellte somit keine Verzinsung des Kapitaleinsatzes dar.[15] Konnte die Vordividende nicht durch den Jahresgewinn gedeckt werden, erfolgte gemäß § 121 Abs. 1 S. 1 HGB a. F. eine anteilige Reduzierung dieser.[16] Der die Vordividende übersteigende Restgewinn bzw. ein entstandener Verlust wurden gemäß § 121 Abs. 3 HGB a. F. grundsätzlich nach Köpfen verteilt. Da es sich bei der gesetzlichen Regelung allerdings ebenfalls um eine dispositive Norm handelte, konnte von dem gesetzlichen Verteilungsmaßstab durch Vereinbarungen im Gesellschaftsvertrag abgewichen werden, wovon in der Praxis bereits vielfach Gebrauch gemacht wurde.[17] Der einem Gesellschafter zustehende Gewinn wurde im Anschluss gemäß § 120 Abs. 2 HGB a. F. dessen Kapitalanteil zugeschrieben, während ein verteilter Verlust zu einer Minderung des Kapitalanteils führte.[18]

Durch das MoPeG wurde die ursprüngliche Konzeption einer kapitalbasierten Vorabgewinnverteilung mit einer anschließenden Verteilung des Restgewinns nach dem Kopfprinzip verworfen. Stattdessen regelt § 120 Abs. 1 S. 2 HGB i. V. m. § 709 Abs. 3 BGB einen beitragsbasierten Maßstab, welcher zu einer vollständigen Gleichbehandlung von Gewinnen und Verlusten führt.[19] Durch die Einführung des § 108 HGB wird zudem klargestellt, dass die eben aufgezeigten Regelungen zur Gewinnverteilung noch immer dispositiv sind und somit durch abweichende Vereinbarungen im Gesellschaftsvertrag ersetzt werden können.[20]

Die Gesellschafter der OHG haben gemäß § 122 HGB das Recht auf Auszahlung ihres gesamten Gewinnanteils, wodurch ein Vollausschüttungsanspruch begründet wird.[21] Im Unterschied zu der gesetzlichen Regelung vor dem MoPeG nach § 122 HGB a. F. bedarf es bei einer Vollausschüttung keiner zusätzlichen Geltendmachung des Gewinnanspruchs. Stattdessen entsteht ein entsprechender Forderungsanspruch der Gesellschafter mit Feststellung des Jahresabschlusses.[22]

[15] Vgl. Priester, H. (2022b), § 121 Rn. 16; RG (1907), S. 19.
[16] Vgl. von Falkenhausen, J., Schneider, H. (2019b), § 63 Rn. 6.
[17] Vgl. Ehricke, U. (2020b), § 121 Rn. 14; Priester, H. (2022b), § 121 Rn. 27.
[18] Vgl. Ehricke, U. (2020a), § 120 Rn. 62.
[19] Vgl. Bochmann, C. (2024), § 120 Rn. 40.
[20] Vgl. BT-Drs. 19/27635, S. 225.
[21] Vgl. Lieder, J. (2024b), § 122 Rn. 1.
[22] Vgl. Lieder, J. (2024b), § 122 Rn. 8; Schäfer, C. (2021), S. 984.

Ein Gewinnverwendungsbeschluss ist darüber hinaus lediglich erforderlich, wenn ein Teil des Gewinns thesauriert werden soll, da andernfalls durch die Feststellung des Jahresabschlusses eine implizite Gewinnverwendungsentscheidung angenommen wird.[23]

Für die Gesellschafter einer Kommanditgesellschaft (KG) galt bislang § 168 Abs. 1 HGB a. F., wonach zunächst eine Vordividende in Höhe von 4 % der Kapitalanteile nach den Regelungen des § 121 Abs. 1 u. 2 HGB a. F. an die Gesellschafter verteilt wurde. In Abweichung zu den Regelungen der OHG erfolgte die Verteilung des Restgewinns sowie eines etwaigen Verlustes gemäß § 168 Abs. 2 HGB a. F. nicht nach Köpfen, sondern anhand eines den Umständen entsprechenden angemessenen Verhältnisses der Anteile der Gesellschafter. Welche Umstände hierbei zu berücksichtigen waren wurde durch den Gesetzgeber nicht bestimmt.[24] Die Norm des § 168 HGB a. F. wurde durch das MoPeG vollständig gestrichen, sodass die erläuterten Regelungen des § 120 HGB i. V. m. § 709 Abs. 3 BGB für die OHG durch den Verweis in § 161 Abs. 2 HGB auch auf die KG anzuwenden sind.[25] Als Sonderregelung für den Kommanditisten greift unverändert § 169 Abs. 1 HGB, wonach dieser keine Ausschüttung des ihm zustehenden Gewinnanteils verlangen kann, soweit sein Kapitalanteil durch einen Verlust oder die Gewinnauszahlung unter den Betrag der Pflichteinlage fallen würde.[26]

2.1.2 Zivilrechtliche Gewinnverteilung bei Kapitalgesellschaften

Für die Gesellschafterstellung bei einer Gesellschaft mit beschränkter Haftung (GmbH) ist die Unterscheidung zwischen dem Gewinnstammrecht und dem Gewinnanspruch der Gesellschafter von hoher Relevanz. Während es sich bei dem Gewinnstammrecht um ein von der Gesellschafterstellung untrennbares Recht auf Teilhabe am Ergebnis der GmbH handelt, stellt der Gewinnanspruch, welcher aus dem Gewinnstammrecht hervorgeht, einen trennbaren Anspruch auf Auszahlung des Gewinnanteils der vergangenen Periode dar.[27] Regelmäßige Voraussetzung

---

[23] Vgl. Schäfer, C. (2021), S. 987.

[24] Vgl. von Falkenhausen, J., Schneider, H. (2019a), § 23 Rn. 9.

[25] Vgl. Mock, S. (2023c), § 169 Rn. 2.

[26] Vgl. Roth, M. (2024), § 169 Rn. 3.

[27] Vgl. Verse, D. (2022), § 29 Rn. 9.

für die Verteilung des Jahresergebnisses sind die Aufstellung des Jahresabschlusses durch die Geschäftsführer und die anschließende verbindliche Feststellung durch die Gesellschafter, welche die Grundlage des Gewinnverwendungsbeschlusses darstellt.[28] Ein Gewinnanspruch der Gesellschafter entsteht sodann erst infolge eines gefassten Ergebnisverwendungsbeschlusses.[29] Als Ausnahme von diesem Grundsatz besteht die Möglichkeit Vorabgewinnausschüttungen zu tätigen, wodurch eine Ausschüttung des erwarteten Jahresüberschusses bereits vor der Feststellung des Jahresabschlusses erfolgt. Soweit die Vorabgewinnausschüttung das tatsächlich erzielte Jahresergebnis übersteigt und dies nicht durch die Auflösung von freien Rücklagen ausgeglichen werden kann, besteht ein Rückzahlungsanspruch der Gesellschaft gegen die Gesellschafter.[30] Die Frist zur Feststellung des Jahresabschlusses sowie zur Fassung des Verwendungsbeschlusses beträgt gemäß § 42 Abs. 2 GmbHG acht, bei kleinen Gesellschaften i. S. d. § 267 Abs. 1 HGB elf, Monate. Auf die jährliche Beschlussfassung über die Ergebnisverwendung kann verzichtet werden, wenn bereits im Gesellschaftsvertrag eine abschließende Regelung über die Gewinnverwendung getroffen wurde.[31] Für die Wirksamkeit des Verwendungsbeschlusses ist grundsätzlich gemäß § 47 Abs. 1 GmbHG eine einfache Mehrheit ausreichend.[32]

Die Verteilung des Jahresergebnisses erfolgt grundsätzlich, basierend auf dem Gleichbehandlungsgrundsatz, gemäß § 29 Abs. 3 GmbHG nach dem Verhältnis der Geschäftsanteile.[33] Entscheidend hierfür ist laut der h.M. der Nennbetrag des gezeichneten Kapitals. Eine tatsächliche vollständige Einzahlung durch den Gesellschafter ist nicht von Relevanz.[34] Sofern die Gesellschaft eigene Anteile i. S. d. § 33 GmbHG hält, sind diese nicht im Rahmen der Gewinnverteilung beachtlich, der gesamte Jahresgewinn wird demnach unter den verbleibenden Gesellschaftern verteilt.[35] Ein abweichender Verteilungsmaßstab ist gemäß

[28] Vgl. Verse, D. (2022), § 29 Rn. 12f.

[29] Vgl. Verse, D. (2022), § 29 Rn. 37.

[30] Vgl. Leuering, D., Rubner, D. (2011), S. 207 f.

[31] Vgl. Kersting, C. (2022), § 29 Rn. 13; Mock, S. (2023a), § 29 Rn. 152.

[32] Vgl. Mock, S. (2023a), § 29 Rn. 154.

[33] Vgl. Verse, D. (2022), § 29 Rn. 72.

[34] Vgl. Altmeppen, H. (2023), § 29 Rn. 46; Kersting, C. (2022), § 29 Rn. 51; Verse, D. (2022), § 29 Rn. 72.

[35] Vgl. BGH (1995), S. 1027 ff.; Verse, D. (2022), § 29 Rn. 72.

§ 29 Abs. 3 S. 2 GmbHG durch eine Vereinbarung im Gesellschaftsvertrag möglich.[36]

Der Vorstand einer Aktiengesellschaft (AG) ist gemäß § 91 Abs. 1 AktG zur periodischen Aufstellung des Jahresabschlusses sowie Lageberichts verantwortlich. Der erstellte Jahresabschluss stellt lediglich einen Entwurf dar, welcher seine rechtliche Wirksamkeit erst durch dessen Feststellung durch den Aufsichtsrat bzw. die Hauptversammlung entfaltet.[37] Infolge der Feststellung erfolgt der Beschluss über die Verwendung des Bilanzgewinns.[38] Im Rahmen der Ergebnisverwendung ist zunächst die gesetzliche Rücklage nach § 150 Abs. 1 u. 2 AktG als Bestandteil der Gewinnrücklagen zu bilden, indem 5 % des um einen Verlustvortrag geminderten Jahresüberschusses in die Rücklage eingestellt werden. Die Einstellung in die gesetzliche Rücklage hat gemäß § 150 Abs. 3 AktG so lange zu erfolgen, bis diese in Summe mit den Kapitalrücklagen nach § 272 Abs. 2 Nr. 1 bis 3 HGB 10 % oder einen in der Satzung festgelegten höheren Anteil des Grundkapitals beträgt.[39] Darüber hinaus können die Bildung von Rücklagen für Anteile an einem herrschenden oder mit Mehrheit beteiligten Unternehmen gemäß § 272 Abs. 4 HGB, satzungsmäßiger Rücklagen oder anderer Gewinnrücklagen gemäß § 58 Abs. 1 u. 2 AktG bestimmt werden.[40] Über den verbleibende Bilanzgewinn kann im Anschluss die Hauptversammlung verfügen, wobei gemäß §§ 174 Abs. 2 i. V. m. 58 Abs. 3 S. 1 AktG der Bilanzgewinn vollständig oder teilweise an die Aktionäre ausgeschüttet, in die Gewinnrücklage eingestellt oder als Gewinn vorgetragen werden kann.[41]

Als Verteilungsmaßstab des Gewinns gelten nach der gesetzlichen Regelung des § 60 Abs. 1 AktG die Anteile am Grundkapital, sodass die Verteilung somit quotal bzw. nach dem Nennbetrag durchzuführen ist.[42] Erfolgt die Leistung der Einlage auf das Grundkapital zwischen den Aktionären nicht im gleichen Verhältnis, wird gemäß § 60 Abs. 2 S. 1 AktG eine Vorabdividende in Höhe von 4 % auf die geleistete Einlage ausbezahlt. Der darüber hinaus verbleibende Restgewinn wird daran anschließend im Verhältnis der Nennbeträge verteilt.[43] Einlagen, die

---

[36] Zu den zivil- und steuerlichen Voraussetzungen bei Kapitalgesellschaften siehe Abschnitt 2.3.2.

[37] Vgl. Helm, T., Haaf, P. (2018), § 10 Rn. 20 ff.

[38] Vgl. Berberich, J., Haaf, P. (2018), § 11 Rn. 1.

[39] Vgl. Berberich, J., Haaf, P. (2018), § 11 Rn. 6.

[40] Vgl. Berberich, J., Haaf, P. (2018), § 11 Rn. 7 ff.

[41] Vgl. Hoffmann-Becking, M. (2020), § 47 Rn. 16.

[42] Vgl. Hoffmann-Becking, M. (2020), § 47 Rn. 22.

[43] Vgl. Hoffmann-Becking, M. (2020), § 47 Rn. 23.

im Laufe des Geschäftsjahres erfolgen, werden gemäß § 60 Abs. 2 S. 3 AktG zeitanteilig berücksichtigt. Die Verteilungsschlüssel nach § 60 Abs. 1 u. 2 AktG spiegeln den Gleichbehandlungsgrundsatz des § 53a AktG wider.[44] Hält die AG eigene Aktien werden diese, analog zu den eigenen Anteilen einer GmbH, nicht bei der Gewinnverteilung berücksichtigt.[45] Durch die Satzung kann gemäß § 60 Abs. 3 AktG ein abweichender Maßstab der Gewinnverteilung festgelegt werden.

2.2 Besteuerung der Gewinnausschüttung auf Gesellschafterebene

2.2.1 Besteuerung der Gesellschafter einer Personengesellschaft

Bei der Besteuerung einer Personengesellschaft und ihren Gesellschaftern kommt das Transparenzprinzip zur Anwendung, wonach die Personengesellschaft kein eigenes Steuersubjekt der Einkommen- oder Körperschaftsteuer darstellt. Die Besteuerung findet stattdessen auf Ebene der Gesellschafter statt.[46] Die verteilten Gewinne werden stets auf Ebene des Gesellschafters einer Besteuerung unterworfen, unabhängig davon, ob diese ausgeschüttet oder thesauriert werden.[47] Die erzielten Gewinnanteile einer Mitunternehmerschaft führen auf Ebene der Gesellschafter gemäß § 15 Abs. 1 S. 1 Nr. 2 S. 1 Hs. 1 EStG zu Einkünften aus Gewerbebetrieb, sofern die Gesellschafter als Mitunternehmer anzusehen sind. Für die Stellung eines Mitunternehmers bedarf es neben einer zivilrechtlichen Stellung als Gesellschafter einer Mitunternehmerinitiative sowie eines Mitunternehmerrisikos.[48] Mitunternehmerinitiative und -risiko können zwar unterschiedlich stark ausgestaltet sein, es müssen jedoch für das Vorliegen einer Mitunternehmerstellung beide Merkmale erfüllt werden.[49] Fehlt es hingegen an einer Qualifikation als Mitunternehmer stellen die Anteile an der Gesellschaft

---

[44] Vgl. Servatius, W. (2022), § 60 Rn. 1.

[45] Vgl. Servatius, W. (2022), § 60 Rn. 3.

[46] Vgl. Weitemeyer, B., Maciejewski, T. (2021), Rn. 6.

[47] Vgl. Weitemeyer, B., Maciejewski, T. (2021), Rn. 18.

[48] Vgl. H 15.8 Abs. 1 EStH; Sobanski, S., Bäuml, S. (2024), Rn. 74/1 ff.

[49] Vgl. BFH (1984), S. 751.

regelmäßig eine im Privatvermögen gehaltene Kapitalbeteiligung dar, die zu Einkünften aus Kapitalvermögen führt.[50] Die Kapitaleinkünfte unterliegen gemäß des Zuflussprinzips nach § 11 Abs. 1 S. 1 EStG erst bei Auszahlung einer Besteuerung auf Gesellschafterebene. Auf Gesellschaftsebene liegt sodann ein Zinsaufwand vor.[51]

2.2.2 Besteuerung der Gesellschafter einer Kapitalgesellschaft

Im Unterschied zu den Personengesellschaften kommt bei der Besteuerung von Kapitalgesellschaften das Trennungsprinzip zum Einsatz, wonach eine Besteuerung sowohl auf Gesellschaftsebene als auch auf Gesellschafterebene erfolgt.[52] Die steuerlichen Folgen für die Gesellschafter variieren in Abhängigkeit davon, ob es sich bei dem Anteilseigner um eine natürliche Person oder eine Körperschaft handelt.

Natürliche Personen, die ihre Beteiligung an der Kapitalgesellschaft im Privatvermögen halten, erzielen im Rahmen der laufenden Gewinnausschüttung Einkünfte aus Kapitalvermögen gemäß § 20 Abs. 1 Nr. 1 EStG, welche der Kapitalertragsteuer nach § 32d Abs. 1 EStG unterliegen. Von den Einkünften nach § 20 EStG werden gemäß § 20 Abs. 1 Nr. 1 S. 2 EStG auch die Bezüge aus verdeckten Gewinnausschüttungen umfasst. Da es sich bei den Einkünften aus Kapitalvermögen gemäß § 2 Abs. 1 S. 1 Nr. 5 i. V. m. Abs. 2 S. 1 Nr. 2 EStG um Überschusseinkünfte handelt, werden diese nach dem Zuflussprinzip gemäß § 11 Abs. 1 EStG erst bei der tatsächlichen Auszahlung des Gewinnanteils besteuert.[53] Die Kapitalertragsteuer ist im Zeitpunkt der Gewinnausschüttung abzuführen und entfaltet eine abgeltende Wirkung. Letzteres gilt gemäß § 43 Abs. 5 EStG jedoch nicht, sofern die Günstigerprüfung nach § 32d Abs. 6 S. 1 EStG oder der Antrag auf Anwendung des TEV nach § 32d Abs. 2 Nr. 3 EStG Anwendung finden.[54] Werden die Anteile an der Kapitalgesellschaft im Betriebsvermögen gehalten, kommt die Subsidiaritätsklausel des § 20 Abs. 8 EStG zur Anwendung, sodass die Zuordnung der Einkünfte zu jenen

---

[50] Vgl. Kahle, H. (2020), § 7 Rn. 21.

[51] Vgl. Kahle, H. (2020), § 7 Rn. 21.

[52] Vgl. Scheffler, W. (2020), Rn. 32.

[53] Vgl. Weitemeyer, B., Maciejewski, T. (2021), Rn. 874.

[54] Vgl. Buge, R. (2024), § 20 Rn. 14.

aus Gewerbebetrieb Vorrang gegenüber der Qualifikation als Einkünfte aus Kapitalvermögen hat.[55] Der proportionale Steuersatz nach § 32d Abs. 1 EStG kommt demnach nicht zur Anwendung, stattdessen erfolgt eine Besteuerung nach dem Teileinkünfteverfahren gemäß §§ 3 Nr. 40 Buchst. d) i. V. m. 3c Abs. 2 EStG, wonach lediglich 60 % des Gewinnanteils steuerpflichtig sind.[56] In diesem Fall wird die Gewinnausschüttung im Zeitpunkt des gefassten Beschlusses über die Gewinnausschüttung durch die Buchung einer Forderung erfolgswirksam erfasst.[57] Im Ausschüttungszeitpunkt ist ebenfalls Kapitalertragsteuer einzubehalten, diese stellt indes lediglich eine Vorauszahlung auf die zu entrichtende Steuer dar und entfaltet gemäß § 43 Abs. 5 S. 2 EStG keine Abgeltungswirkung.[58]

Handelt es sich bei dem Anteilseigner um eine unbeschränkt steuerpflichtige Kapitalgesellschaft, erzielt diese durch den erhaltenen Gewinnanteil gemäß § 8 Abs. 2 KStG stets Einkünfte aus Gewerbebetrieb. Die erhaltenen Bezüge werden durch § 8b Abs. 1 S. 1 KStG grundsätzlich von der Besteuerung freigestellt. Lediglich 5 % der Gewinnanteile gelten nach § 8b Abs. 5 S. 1 KStG als nicht abziehbare Betriebsausgaben.[59] Ein Einbehalt der Kapitalertragsteuer ist gemäß § 43 Abs. 1 S. 3 EStG dennoch vorzunehmen. Beträgt die Beteiligungsquote zu Beginn des Kalenderjahres unmittelbar weniger als 10 % des gezeichneten Kapitals, entfällt die Steuerfreistellung gemäß § 8b Abs. 4 S. 1 KStG und die Bezüge sind in voller Höhe steuerpflichtig.[60]

2.3 Zivil- und steuerrechtliche Anerkennung disquotaler Gewinnausschüttungen

2.3.1 Voraussetzungen für die Anerkennung bei Personengesellschaften

Die Gewinnverteilung nach dem gesetzlichen Regelfall vor den Änderungen durch das MoPeG, wonach bei der GbR sowie, nach der Verteilung der Vordividende, auch bei der OHG das Kopfprinzip zur Anwendung kam, stellte bereits

[55] Vgl. Weitemeyer, B., Maciejewski, T. (2021), Rn. 884.

[56] Vgl. Scheffler, W. (2020), Rn. 416.

[57] Vgl. Seidler, H. (2024), § 5 Rn. 1498.

[58] Vgl. Buge, R. (2024), § 20 Rn. 14.

[59] Vgl. Scheffler, W. (2020), Rn. 417.

[60] Vgl. Scheffler, W. (2020), Rn. 418.

eine disquotale Gewinnverteilung kraft Gesetzes dar.[61] Die Intention der Verteilung nach Köpfen lag indes in einer schematischen Gleichbehandlung aller Gesellschafter.[62] Die zivilrechtlichen Regelungen über die Gewinnverteilung bei den Personengesellschaften stellen dispositive Normen dar, von denen durch eine entsprechende Regelung im Gesellschaftsvertrag abgewichen werden kann.[63] Selbst ein vollständiger Ausschluss einzelner Gesellschafter von der Beteiligung am Gewinn ist zulässig.[64] Die benachteiligten Gesellschafter müssen der Vereinbarung über die disquotale Gewinnverteilung jedoch zustimmen.[65] Die Gewinnverteilung ist durch die Gesellschafter infolge einer gesellschaftsvertraglichen Regelung somit frei gestaltbar.[66] Die Grenzen der Gestaltungsfreiheit liegen erst in der Sittenwidrigkeit nach § 138 Abs. 1 BGB.[67] Eine sittenwidrige Gestaltung liegt vor, wenn einzelne Gesellschafter durch die Gewinnverteilung einer besonderen Benachteiligung unterliegen. Da dies nur in Ausnahmefällen gegeben ist, wird die weitläufige Gestaltungsfreiheit nur äußerst selten durch besagte Norm eingeschränkt.[68]

Der für die Besteuerung von Einkünften aus gewerblichen oder gewerblich geprägten Personengesellschaften in § 15 Abs. 1 S. 1 Nr. 2 EStG genannte Gewinnanteil wird im EStG nicht konkreter definiert, es gilt demnach die Maßgeblichkeit des Handelsrechts.[69] Die von den Gesellschaftern vereinbarten disquotalen Gewinnverteilungen sind somit auch ertragsteuerlich grundsätzlich anzuerkennen.[70] Die Gewinnverteilungsabrede hat bei Personengesellschaften für Zwecke der Besteuerung vor dem Entstehen des Gewinnanspruchs zu erfolgen. Eine gesellschaftsrechtlich mögliche nachträgliche Vereinbarung für vergangene Wirtschaftsjahre wird im Steuerrecht nicht anerkannt.[71]

---

[61] Vgl. Schulz, P. et al. (2005), S. 2; Werner, R. (2019), S. 962.

[62] Vgl. Schäfer, C. (2024a), § 709 Rn. 26.

[63] Vgl. Bode, W. (2024), § 15 Rn. 401.

[64] Vgl. Grever, S. (2019), S. 8; Klimke, D. (2024), § 120 Rn. 10; Stürner, R. (2021), §§ 721, 722 Rn. 6.

[65] Vgl. Klimke, D. (2024), § 120 Rn. 10.1; Mock, S. (2023b), § 121 Rn. 16.

[66] Vgl. BGH (1987), S. 3125; Schäfer, C. (2024a), § 709 Rn. 28; Werner, R. (2019), S. 962 f.

[67] Vgl. Klimke, D. (2024), § 120 Rn. 10.

[68] Vgl. Grever, S. (2019), S. 9.

[69] Vgl. BFH (1980c), S. 168; Birnbaum, M., Escher, J. (2014), S. 1416.

[70] Vgl. Bode, W. (2024), § 15 Rn. 401; Sobanski, S., Bäuml, S. (2024), § 15 Rn. 152.

[71] Vgl. Grever, S. (2019), S. 10.

Den Gesellschaftern sind einkommensteuerrechtlich insoweit Grenzen bei der Vereinbarung des Gewinnverteilungsschlüssels gesetzt, dass die Finanzverwaltung eine betriebliche Veranlassung für den abweichenden Verteilungsmaßstab fordert.[72] Für Zwecke der Ertragsbesteuerung können disquotale Gewinnverteilungsabreden bei Personengesellschaften somit ausschließlich dann versagt werden, wenn diese außerbetrieblichen Gründen, wie beispielsweise Verwandtschaft oder auf außerhalb der Gesellschaft beruhenden wirtschaftlichen Beziehungen, geschuldet sind.[73] Besteht kein Näheverhältnis zwischen den Gesellschaftern kann grundsätzlich angenommen werden, dass die abweichende Vereinbarung zu einer angemessenen Gewinnverteilung führt und somit der Besteuerung zugrunde gelegt wird.[74] Die Finanzverwaltung prüft die Gewinnverteilung bei Familiengesellschaften jedoch unabhängig einer Anerkennung der Familiengesellschaft als solcher auf ein offensichtliches Missverhältnis und somit einen Missbrauch rechtlicher Gestaltungsmöglichkeiten i. S. d. § 42 AO.[75] Wirtschaftliche Gründe, die eine disquotale Gewinnverteilung rechtfertigen, können beispielsweise in der Übernahme einer besonderen Haftung, der Überlassung eines Firmennamens oder anderer immaterieller Rechte bzw. Patente sowie der Erbringung von Dienstleistungen, welche nicht durch Sondervergütungen kompensiert werden, beruhen.[76]

Der BFH unterscheidet bei Prüfung der Angemessenheit einer Gewinnverteilung bei Personengesellschaften zwischen der Einkommenserzielung und der Einkommensverwendung.[77] Da es bei Familiengesellschaften an einem Interessensgegensatz fehlen kann, wird durch den BFH zwischen zwei Fallkonstellationen differenziert.[78] Hat der Gesellschafter seinen Gesellschaftsanteil entgeltlich erworben, ist die Angemessenheit der Gewinnverteilung anhand eines nach den allgemeinen Grundsätzen durchzuführenden Fremdvergleichs zu prüfen.[79] Erhielt der Gesellschafter seinen Gesellschaftsanteil hingegen unentgeltlich und wird dieser nicht im Unternehmen tätig, wird die Gewinnverteilung anerkannt, wenn

---

72 Vgl. H 15.8 (3) EStH.

73 Vgl. BFH (1990), S. 173; OFD Frankfurt/M. (2015), S. 1802.

74 Vgl. Tiede, K. (2022), § 15 Rn. 485.

75 Vgl. Birnbaum, M., Escher, J. (2014), S. 1416; R 15.9 Abs. 3 EStR.

76 Vgl. Rose, G. (2002), S. 1; Tiede, K. (2022), § 15 Rn. 485.

77 Vgl. BFH (1986), S. 54; Birnbaum, M., Escher, J. (2014), S. 1416.

78 Vgl. Birnbaum, M., Escher, J. (2014), S. 1416.

79 Vgl. BFH (1980b), S. 438; Birnbaum, M., Escher, J. (2014), S. 1416; Bode, W. (2024), § 15 Rn. 423.

diese eine angemessene Verzinsung des Wertes des Gesellschaftsanteils darstellt. Die Gewinnverteilung gilt als angemessen, wenn die durchschnittliche Rendite nicht mehr als 15 % des tatsächlichen Werts der Beteiligung beträgt, wobei unter Umständen auch ein niedrigerer Satz gerechtfertigt sein kann.[80] Die durchschnittliche Rendite soll über einen Zeitraum von regelmäßig fünf Wirtschaftsjahren ermittelt werden.[81] Der BFH prüft demnach die Angemessenheit der Gewinnverteilungsabrede bei Familiengesellschaften bereits auf Ebene der Gewinnzurechnung. Die Finanzverwaltung folgt inhaltlich unter Rückgriff auf § 42 AO[82] den Grundsätzen des BFH.[83]

2.3.2 Voraussetzungen für die Anerkennung bei Kapitalgesellschaften

Die Gesellschafter einer GmbH sind gemäß § 29 Abs. 3 S. 2 GmbHG befugt einen abweichenden Verteilungsmaßstab des Gewinns im Gesellschaftsvertrag zu vereinbaren. Demnach beruht die zivilrechtliche Möglichkeit einer disquotalen Gewinnverteilung auf dem Gesetz.[84] Aufgrund der Auswirkung auf die Vermögensinteressen der Gesellschafter bedarf eine solche Vereinbarung einer klaren und eindeutigen Formulierung.[85] Eine nachträgliche Veränderung des Verteilungsmaßstabs erfordert laut Auffassung der h.M. gemäß § 53 Abs. 2 u. 4 GmbHG[86] neben einer dreiviertel Mehrheit die Zustimmung aller benachteiligten Gesellschafter.[87] Die Gesellschafter sind weitgehend frei in der inhaltlichen Gestaltung der Ergebnisverteilung. Das Gleichbehandlungsgebot, wonach eine sachliche Rechtfertigung für die abweichende Verteilung gefordert wird, steht einer freien Gestaltung aufgrund der erforderlichen Zustimmung der benachteiligten Gesellschafter nicht entgegen.[88] Die Grenzen der Gestaltungsfreiheit

[80] Vgl. BFH (1972), S. 8; Birnbaum, M., Escher, J. (2014), S. 1416; Bode, W. (2024), § 15 Rn. 411 f.

[81] Vgl. BFH (1972), S. 8; Desens, M., Blischke, A. (2016), § 15 Rn. C193.

[82] Vgl. R 15.9 Abs. 3 EStR; Winkels, G. (2014), S. 130.

[83] Vgl. H 15.9 (3) EStH.

[84] Vgl. Ott, H. (2023), S. 163 f.

[85] Vgl. BayObLG (1987), S. 253 f.; Pentz, A. (2013), § 29 Rn. 107.

[86] Entspricht § 53 Abs. 2 u. 3 GmbHG a.F.

[87] Vgl. BMF (2013), S. 63; Ekkenga, J. (2022), § 29, Rn. 193; Grever, S. (2019), S. 7; Salje, P. (2002), § 29 Rn. 122; a. A. Servatius, W. (2020), S. 869.

[88] Vgl. Ekkenga, J. (2022), § 29 Rn. 194; Leuschner, L. (2020), § 29 Rn. 108.

finden sich erst in der Sittenwidrigkeit der Gestaltung nach § 138 Abs. 1 BGB.[89] Selbst ein vollständiger Ausschluss eines Gesellschafters von der Gewinnverteilung führt noch nicht zu einem Verstoß gegen die Sittenwidrigkeit.[90] Die Grenzen der Sittenwidrigkeit werden nach Ansicht des BGH erst überschritten, wenn neben dem Ausschluss von der Gewinnverteilung zusätzlich eine Beteiligung am Liquidationserlös verwehrt wird.[91]

Für die steuerliche Anerkennung einer disquotalen Gewinnverteilung fordern sowohl die Finanzverwaltung[92] als auch der BFH[93] zunächst eine ordnungsgemäße zivilrechtliche Vereinbarung der Gewinnverteilung. Hierfür bedarf es bei einer GmbH nach Auffassung der Finanzverwaltung entweder einer konkreten Regelung in der Satzung der Gesellschaft oder einer in der Satzung enthaltenen Öffnungsklausel. Eine solche Öffnungsklausel ermöglicht es alljährlich unter Zustimmung aller benachteiligten Gesellschafter oder einstimmig eine von den Regelungen der Satzung abweichende Ergebnisverteilung zu beschließen.[94] Der Beschluss über die nachträgliche Änderung des Verteilungsmaßstabs ist nach Auffassung der Finanzverwaltung mit einer satzungsändernden Mehrheit zu fassen.[95] Darüber hinaus verwies die Finanzverwaltung in ihrem BMF-Schreiben aus dem Jahr 2013 auf die Prüfung des Missbrauchs rechtlicher Gestaltungsmöglichkeiten nach § 42 AO, von welchem auszugehen sei, wenn keine beachtlichen wirtschaftlich vernünftigen außersteuerlichen Gründe für den abweichenden Verteilungsmaßstab nachgewiesen werden können.[96] Im Ergebnis forderte die Finanzverwaltung somit eine zweistufige Prüfung, wonach zunächst eine zivilrechtlich wirksame Vereinbarung über die Gewinnverteilung vorzuliegen hat. Auf zweiter Stufe erfolgte die Untersuchung der disquotalen Ergebnisverteilung auf das Vorhandensein außersteuerlicher Gründe, um eine missbräuchliche Gestaltung nach § 42 AO auszuschließen.[97] Diese Auffassung wurde mit dem jüngsten BMF-Schreiben vom 04.09.2024 verworfen, welches die vorherige Verwaltungsanweisung aus dem Jahr 2013 ersetzt.[98] Die Finanzverwaltung fordert

---

[89] Vgl. Ekkenga, J. (2022), § 29 Rn. 195; Leuschner, L. (2020), § 29 Rn. 108.

[90] Vgl. Verse (2024), § 29 Rn. 75.

[91] Vgl. BGH (1954), S. 1563; Grever, S. (2019), S. 7.

[92] Vgl. BMF (2013), S. 63; BMF (2024), Rn. 1.

[93] Vgl. BFH (1999), S. 44 f.; BFH (2012), S. 1330.

[94] Vgl. BMF (2013), S. 63.

[95] Vgl. BMF (2013), S. 63.

[96] Vgl. BMF (2013), S. 63.

[97] Vgl. Ottersbach, J. (2023), S. 856.

[98] Vgl. BMF (2024), Rn. 9.

erneut die zivilrechtlich wirksame Vereinbarung der disquotalen Gewinnverteilungsabrede, gleichwohl wurde das Erfordernis außersteuerlicher Gründe zur Vermeidung eines Gestaltungsmissbrauchs nach § 42 AO ersatzlos gestrichen.[99] Ob und inwieweit die Finanzverwaltung dennoch für Zwecke der Ertragsteuern auf eine Versagung der Gewinnverteilung nach § 42 AO verweist, bleibt indes abzuwarten.

Der BFH erkennt disquotale Gewinnverteilungsabreden ertragsteuerlich an, sofern diese zivilrechtlich wirksam vereinbart worden sind. Im Gegensatz zur bisherigen Auffassung der Finanzverwaltung fordert der BFH keine außersteuerlichen Gründe, die eine disquotale Gewinnverteilung rechtfertigen.[100] Eine zivilrechtlich wirksam vereinbarte disquotale Gewinnverteilung wurde vom BFH in seiner ständigen Rechtsprechung selbst in der Fallkonstellation des „Schütt-aus-Hol-zurück-Verfahrens" steuerlich anerkannt, in der im Anschluss an die Ausschüttung eine inkongruente Wiedereinlage erfolgte und die Gründe für die Gestaltung in der Nutzung des Verlustverrechnungspotentials eines Gesellschafters lagen.[101] Eine gezielte Ausnutzung des Verlustausgleichspotentials eines Gesellschafters ist nicht missbräuchlich, da die Nutzung bestehender Verluste dem Grundsatz einer Besteuerung nach der Leistungsfähigkeit und somit einem Verfassungsgebot entspricht.[102] Zwar entsteht ein Steuervorteil durch die Verlustnutzung, dieser ergibt sich indes aus dem Gesetz und kann somit keinen Gestaltungsmissbrauch darstellen.[103] Die Finanzverwaltung stand der liberalen Auffassung des BFH kritisch gegenüber und reagierte mit einem Nichtanwendungserlass auf das Urteil.[104] Die bisher restriktive Haltung der Finanzbehörden zeigte sich zudem in einer ausbleibenden Veröffentlichung der jüngsten Urteile im Bundessteuerblatt.[105]

In der Rechtsprechung wird zudem darauf verwiesen, dass verdeckte Gewinnausschüttungen ebenfalls disquotal an die Gesellschafter erfolgen, diese jedoch nur bei dem empfangenen Gesellschafter einer Besteuerung unterliegen. Es liege

---

[99] Vgl. BMF (2024), Rn. 1.

[100] Vgl. BFH (2014b), Rn. 21 ff.

[101] Vgl. BFH (1999), S. 43; BFH (2006b), S. 276; BFH (2012), S. 1330; BFH (2014b), Rn. 22; zustimmend siehe auch: FG Hessen (2008), S. 320. Disquotale Gewinnausschüttungen wurden somit sowohl vom I. als auch vom VIII. Senat des BFH anerkannt, vgl. Rengers, J. (2024), § 8 D, S. 189.

[102] Vgl. Weiss, M. (2023), Rn. 42 f.

[103] Vgl. Gosch, D. (2020), § 8 Rn. 146b.

[104] Vgl. BMF (2000), S. 47; Geißelmeier, W., Kammeter, R. (2006), S. 4402.

[105] Vgl. Mirbach, S., Egelhof, J. (2023), S. 654.

keine Rechtfertigung dafür vor, offene disquotale Gewinnausschüttungen hiervon abweichend zu behandeln.[106] Ein Gestaltungsmissbrauch nach § 42 AO liegt bei einer disquotalen Gewinnausschüttung somit grundsätzlich nicht vor.[107] Dies ergibt sich bereits aus der Tatsache, dass das Zivilrecht besagte disquotale Gewinnausschüttungen explizit zulässt.[108] Für das Vorliegen eines Gestaltungsmissbrauchs nach § 42 AO bedarf es einer umständlichen, komplexen und gekünstelten Gestaltung, welche lediglich anhand einer Einzelfallbetrachtung beurteilt werden kann.[109] Es wird in der Literatur zwar angemerkt, eine Gleichstellung der disquotalen Gewinnausschüttung mit einer vGA kann nicht auf deren steuersystematischen Einstufung beruhen. Die verdeckte Gewinnausschüttung nimmt Einfluss auf die Ermittlung des steuerlichen Gewinns, wohingegen die disquotale Gewinnausschüttung Bestandteil der Gewinnverteilung auf Gesellschaftsebene ist. Die Tatsache, dass im Rahmen einer vGA eine disquotale Gewinnzuordnung erfolgt, stelle lediglich einen Reflex im Zuge der Einkommenskorrektur, jedoch nicht die Zielsetzung des Rechtsinstituts, dar.[110] Gleichwohl wird eine Verschiebung der Gewinnverteilung durch eine vGA akzeptiert. Daran anknüpfend wäre es konsequent für die ertragsteuerliche Anerkennung disquotaler Gewinnausschüttungen lediglich auf eine gesellschaftsrechtlich wirksame Vereinbarung abzustellen.[111] Im Rahmen der steuerlichen Anerkennung der disquotalen Gewinnverteilung ist zu beachten, dass die diesbezügliche Abrede vor der Entstehung des Gewinnanspruchs getroffen werden muss. Die im Zivilrecht mögliche rückbezogene Änderung für bereits abgelaufene Wirtschaftsjahre wird auch bei Kapitalgesellschaften steuerlich nicht gestattet.[112]

Das FG Münster hatte zu entscheiden, ob eine disquotale Gewinnausschüttung einer GmbH trotz des Fehlens einer satzungsmäßigen Bestimmung sowie einer Öffnungsklausel zivilrechtlich wirksam und somit der Besteuerung zugrunde zu legen ist, wenn diese durch einen punktuell satzungsdurchbrechenden Beschluss gefasst wurde. Das FG Münster bestätigte die zivilrechtliche Wirksamkeit entgegen der Auffassung der Finanzverwaltung.[113] Infolge der eingelegten Revision

---

[106] Vgl. BFH (1999), S. 45; FG Köln (2016), Rn. 26.

[107] Vgl. Weiss, M. (2023), Rn. 42.

[108] Vgl. Lauer, P., Weustenfeld, F. (2022), S. 990.

[109] Vgl. Lauer, P., Weustenfeld, F. (2022), S. 990; Weiss, M. (2023), Rn. 42.

[110] Vgl. Bender, B., Bracksiek, T. (2014), S. 122 f.

[111] Vgl. Bender, B., Bracksiek, T. (2014), S. 123.

[112] Vgl. Forst, P. et al. (2014), S. 270; Grever, S. (2019), S. 10; Mirbach, S., Egelhof, J. (2023), S. 654.

[113] Vgl. FG Münster (2020), Rn 39 ff.; Lauer, P., Weustenfeld, F. (2022), S. 985.

hatte im Anschluss der BFH den Sachverhalt zu würdigen, wobei dieser erstmals höchstrichterlich entschieden hat, dass punktuell satzungsdurchbrechende Beschlüsse grundsätzlich wirksam sind.[114]

Im Sachverhalt war der Kläger K an der K-GmbH zu 50 % beteiligt, bei der er zugleich als Geschäftsführer tätig wurde. Die restlichen 50 % der Anteile hielt die T-GmbH, deren Geschäftsführer und alleiniger Gesellschafter der Kläger war.[115] In den Streitjahren wurden einstimmig Vorabgewinnausschüttungen an ausschließlich die T-GmbH beschlossen, wobei in der Satzung weder ein abweichender Gewinnverteilungsschlüssel noch eine Öffnungsklausel vereinbart worden waren.[116] Der Revision vor dem BFH ist das BMF beigetreten.[117]

Der BFH differenziert in seiner Entscheidung zwischen satzungsdurchbrechenden Beschlüssen mit Dauerwirkung und punktuell satzungsdurchbrechenden Beschlüssen. Während erstgenannte Beschlüsse bei Verstoß gegen die Bestimmungen einer Satzungsänderung, insbesondere einer notariellen Beurkundung und der Eintragung ins Handelsregister, nichtig seien, sind punktuell satzungsdurchbrechende Beschlüsse lediglich anfechtbar.[118] Entscheidend für die Abgrenzung sei, ob es sich um einen Beschluss mit Dauerwirkung oder einen Einzelakt handle. Dies ist gemäß dem Urteil des BFH eine im Einzelfall durch das Finanzgericht zu beurteilende Tatsachenfrage, wobei die Würdigung des Sachverhalts durch das FG Münster als punktuell satzungsdurchbrechend durch den BFH nicht beanstandet wurde.[119] Solche Beschlüsse seien zwar anfechtbar, die Möglichkeit der Anfechtung entfalle jedoch, wenn sämtliche zur Anfechtung berechtigten Gesellschafter dem Beschluss zugestimmt haben. Im Ergebnis handelt es sich somit um einen zivilrechtlich wirksam gefassten Beschluss.[120] Der BFH erkennt die disquotale Vorabgewinnausschüttung aufgrund der zivilrechtlichen Wirksamkeit auch für die ertragsteuerliche Beurteilung an. Da der Kläger somit den Tatbestand der Einkünfteerzielung des § 20 Abs. 1 Nr. 1 S. 1 EStG nicht realisiert habe, ist von diesem kein Gewinnanteil zu versteuern. Eine Prüfung der Fremdüblichkeit sei weder Tatbestand der Gesetzesnorm noch wäre dies aufgrund des zivilrechtlich wirksamen Beschlusses allgemein angemessen.[121]

---

[114] Vgl. BFH (2022b), S. 196; Werner, R. (2023), S. 873.

[115] Vgl. BFH (2022b), Rn. 1.

[116] Vgl. BFH (2022b), Rn. 3 f.

[117] Vgl. BFH (2022b), Rn. 13.

[118] Vgl. BFH (2022b), Rn. 22 f.

[119] Vgl. BFH (2022b), Rn. 24; Werner, R. (2023), S. 870.

[120] Vgl. BFH (2022b), Rn. 31.

[121] Vgl. BFH (2022b), Rn. 33.

Für die Prüfung der disquotalen Gewinnausschüttung auf eine missbräuchliche Gestaltung i. S. d. § 42 AO seien bei zivilrechtlich wirksamen punktuell satzungsdurchbrechenden Beschlüssen dieselben Kriterien heranzuziehen, wie bei einer in der Satzung geregelten abweichenden Gewinnverteilung oder einer Öffnungsklausel. Bei der Würdigung verweist der BFH erneut auf seine ständige Rechtsprechung, wonach zivilrechtlich wirksame disquotale Gewinnverteilungen grundsätzlich auch ertragsteuerrechtlich anzuerkennen seien.[122] Durch die Verlagerung des Ausschüttungspotentials von der K-GmbH auf die T-GmbH wurde die Besteuerung lediglich aufgeschoben, sie unterliegt jedoch keinen abweichenden Besteuerungsgrundsätzen.[123] Die Finanzverwaltung hat die zivilrechtliche Wirksamkeit eines punktuell satzungsdurchbrechenden Beschlusses der Gesellschafter einer GmbH mittlerweile in ihrem jüngsten BMF-Schreiben zu disquotalen Gewinnausschüttungen anerkannt.[124]

Für Aktiengesellschaften besteht gemäß § 60 Abs. 3 AktG ebenfalls die Möglichkeit durch eine entsprechende Satzungsnorm von der gesetzlich vorgesehenen Gewinnverteilung abzuweichen. Die Regelungen über die Gewinnverteilung sind somit ebenfalls dispositiv und können i. S. d. § 23 Abs. 5 S. 1 AktG individuell bestimmt werden.[125] Der Gesetzgeber gewährt hierdurch Satzungsautonomie und ermöglicht somit privatautonome Gestaltungen.[126] Erforderlich ist indes, dass die Regelungen in der Satzung einer vollständigen und abschließenden Definition folgen, da andernfalls für ungeregelte Aspekte der gesetzliche Verteilungsmaßstab greift.[127] Der abweichende Gewinnverteilungsmaßstab muss direkt durch die Satzung bestimmt werden. Eine Regelung, welche die Möglichkeit einer Abweichung von der Gewinnverteilung der Hauptversammlung, einem anderen Organ der Gesellschaft oder Dritten überträgt, ist nicht von der Satzungsautonomie des § 60 Abs. 3 AktG umfasst.[128] Ein darauf beruhender Beschluss wäre anfechtbar oder nichtig.[129] Für eine nachträgliche Satzungsänderung bedarf es neben einer satzungsändernden Mehrheit i. S. d. § 179 Abs. 2 AktG die Zustimmung der betroffenen Gesellschafter.[130]

---

[122] Vgl. BFH (2022b), Rn. 39 ff.

[123] Vgl. BFH (2022b), Rn. 42.

[124] Vgl. BMF (2024), Rn. 4.

[125] Vgl. Lauer, P., Weustenfeld, F. (2022), S. 993.

[126] Vgl. Fleischer, H. (2024), § 60 Rn. 12; Lauer, P., Weustenfeld, F. (2022), S. 993.

[127] Vgl. Cahn, A. (2024), § 60 Rn. 18 f.; Fleischer, H. (2024), § 60 Rn. 13.

[128] Vgl. BGH (2014), Rn. 10; Cahn, A. (2024), § 60 Rn. 20.

[129] Vgl. Cahn, A. (2024), § 60 Rn. 18 f.; Koch, J. (2024), § 60 Rn. 6.

[130] Vgl. Bayer, W. (2024), § 60 Rn. 19; Cahn, A. (2024), § 60 Rn. 21.

Inwiefern eine, auf einem schuldrechtlichen Beteiligungsvertrag beruhende, disquotale Gewinnauszahlung gesellschaftsrechtlich anzuerkennen ist, ist umstritten.[131] Dies hatte das LG Frankfurt/M. im Jahr 2014 zu entscheiden.[132] Unter Verweis auf den aktienrechtlichen Grundsatz des Satzungsvorrangs urteilte das LG Frankfurt/M., dass von den gesetzlichen Regelungen abweichende Gewinnverteilungen stets durch die Satzung angeordnet werden müssen und eine schuldrechtliche Vereinbarung somit unwirksam sei.[133] Die Entscheidung des LG Frankfurt/M. stieß in der Literatur auf Kritik.[134] Es sei insbesondere zwischen Abreden über die Gewinnverteilung und Abreden über die Verteilung des Auszahlungsanspruches zu differenzieren, wobei eine von der Satzung und den gesetzlichen Regelungen abweichende Gewinnauszahlung im Anschluss an einen gesetzes- und satzungskonformen Gewinnverwendungsbeschluss nicht zu beanstanden sei.[135] Darüber hinaus sollen beteiligungsvertragliche Vereinbarungen auch dann wirksam sein, wenn sich diese direkt auf die gesellschaftliche Gewinnverwendung beziehen, da hiermit lediglich gesellschaftsinterne Regelungen getroffen werden, die die Schutzbedürftigkeit außenstehender Dritter nicht tangieren.[136] Bindet eine schuldrechtliche Vereinbarung lediglich den aktuellen Aktionärsbestand und hat diese somit keinen Einfluss auf die Rechte Dritter, wird in der Literatur vermehrt, trotz einer Abweichung von der Satzung, eine Anerkennung gefordert.[137] Das für die Revision zuständige OLG Frankfurt/M. teilte in der mündlichen Verhandlung mit, dass es beabsichtige dem Urteil des LG Frankfurt/M. zu widersprechen und die von der Satzung abweichende Gewinnausschüttung des Beteiligungsvertrags zivilrechtlich anzuerkennen. Aufgrund eines anschließend geschlossenen Prozessvergleichs erfolgte indes kein Urteil des OLG Frankfurt/M.[138]

---

[131] Vgl. Garbe, S. (2021), S. 379.

[132] Vgl. LG Frankfurt/M. (2014), S. 482 ff.

[133] Vgl. LG Frankfurt/M. (2014), S. 484.

[134] Vgl. Harbarth, S. et al. (2016), S. 801 ff.; Koch, J. (2015), S. 213 ff.; Priester, H. (2015), S. 2156 ff.

[135] Vgl. Harbarth, S. et al. (2016), S. 803.

[136] Vgl. Harbarth, S. et al. (2016), S. 807; Priester, H. (2015), S. 2158.

[137] Vgl. Grigoleit, H., Rachlitz, R. (2020), § 60 Rn. 17; Koch (2015), S. 222; Stein, U. (2021), § 179 Rn. 35.

[138] Vgl. Harbarth, S. et al. (2016), S. 803.

Die Finanzverwaltung fordert für die zivil- und steuerrechtliche Anerkennung disquotaler Gewinnausschüttungen explizit eine entsprechende Regelung in der Satzung, welche dem Verhältnis der durchgeführten Gewinnausschüttung tatsächlich entspricht.[139] Eine auf einer Öffnungsklausel beruhende disquotale Gewinnverteilung ist, im Gegensatz zu der Zulässigkeit bei einer GmbH, nicht ausreichend für deren Anerkennung.[140] Die Grundsätze des Urteils des BFH über die Anerkennung punktuell satzungsdurchbrechender Beschlüsse in der GmbH sind zudem nicht auf die AG anwendbar.[141] Die Unterscheidung zwischen punktuell satzungsdurchbrechenden Beschlüssen und Beschlüssen mit Dauerwirkung ist im Aktienrecht ohne Bedeutung.[142]

2.4 Ertragsteuerliche Behandlungen disquotaler Gewinnausschüttungen

2.4.1 Ertragsteuerliche Behandlung bei Anerkennung der Gewinnverteilung

Erfüllt die disquotale Gewinnausschüttung die zivil- und steuerrechtlichen Voraussetzungen für deren Anerkennung, ist diese der Ertragsbesteuerung zugrunde zu legen.[143] Die Gesellschafter einer Kapitalgesellschaft erzielen somit Einkünfte nach § 20 Abs. 1 Nr. 1 EStG bzw. §§ 15 i. V. m. 20 Abs. 8 EStG im Verhältnis der vereinbarten disquotalen Gewinnverteilung.[144] Somit gelten die allgemeinen Besteuerungsregelungen für Kapitaleinkünfte. Im Privatvermögen gehaltene Anteile werden grundsätzlich mit der Kapitalertragsteuer nach § 32d Abs. 1 EStG besteuert, Anteile im Betriebsvermögen unterliegen dem Teileinkünfteverfahren nach § 3 Nr. 40 Buchst. d) EStG und Anteile einer Kapitalgesellschaft sind bei Erreichen der Mindestbeteiligungsquote nach § 8b Abs. 4 KStG gemäß

139 Vgl. BMF (2024), Rn. 8.

140 Vgl. BMF (2024), Rn. 8.

141 Vgl. BMF (2024), Rn. 8; Lauer, P., Weustenfeld, F. (2022), S. 994.

142 Vgl. Lauer, P., Weustenfeld, F. (2022), S. 994; Selentin, P. (2020), S. 293.

143 Vgl. Werner, R. (2023), S. 869.

144 Vgl. Mirbach, S., Egelhof, J. (2023), S. 655; Strecker, A. (2022), S. 22662.

§ 8b Abs. 1 KStG steuerfrei, wobei 5 % der Gewinnanteile als nicht abziehbare Betriebsausgaben anzusetzen sind.[145]

Die Gesellschafter einer Personengesellschaft erzielen bei ertragsteuerlicher Anerkennung der disquotalen Gewinnverteilung Einkünfte nach § 15 Abs. 1 S. 1 Nr. 2 EStG in der vereinbarten Höhe.[146] Negative Folgen aus der Anerkennung können sich hierbei für den Gesellschafter einer Mitunternehmerschaft ergeben, welcher basierend auf der Vereinbarung einer disquotalen Gewinnausschüttung vollständig von der Gewinn- und Verlustbeteiligung ausgeschlossen wird.[147] Entscheidend für die Rechtsfolgen des Ausschlusses von der Ergebnisbeteiligung ist, ob dem Gesellschafter noch eine Beteiligung am Liquidationserlös zusteht. Ist dies nicht der Fall, ist zu prüfen, inwiefern ein Gesellschafter das erforderliche Kriterium des Mitunternehmerrisikos trägt. Diesbezüglich entschied der BFH, dass ein Komplementär aufgrund der persönlichen Haftung auch bei einer fehlenden Beteiligung am Unternehmenserfolg einem Mitunternehmerrisiko unterliegt und er somit, in Verbindung mit der Ausübung von Mitunternehmerinitiative durch die Vertretung der Gesellschaft, trotz des Ausschlusses von der Gewinnverteilung als Mitunternehmer anzusehen ist.[148] Handelt es sich hingegen um einen Kommanditisten, welcher weder am laufenden Gewinn noch am Liquidationserlös der Gesellschaft beteiligt wird, können aufgrund der beschränkten Haftung das Vorliegen eines Mitunternehmerrisikos und somit die Stellung als Mitunternehmer infolge der disquotalen Gewinnausschüttung versagt werden.[149]

2.4.2 Ertragsteuerliche Behandlung bei Versagung der Gewinnverteilung

Basierend auf der Differenzierung des BFH bei Personengesellschaften zwischen der Einkommenserzielung und der Einkommensverwendung, wird eine steuerlich nicht anerkannte disquotale Gewinnverteilung als privat veranlasste, gemäß § 12 Nr. 2 EStG nicht abziehbare, Einkommensverwendung betrachtet.[150] Es erfolgt eine Hinzurechnung des Anteils der Gewinnverteilung, welcher als

[145] Vgl. Strecker, A. (2022), S. 22662.

[146] Vgl. Birnbaum, M., Escher, J. (2014), S. 1416.

[147] Vgl. Grever, S. (2019), S. 9 f.

[148] Vgl. BFH (2006a), S. 595.

[149] Vgl. BFH (1984), S. 751; Grever, S. (2019), S. 10.

[150] Vgl. BFH (1986), S. 54; Birnbaum, M., Escher, J. (2014), S. 1416.

ungerechtfertigt hoch eingestuft wird, bei dem zuwendenden Gesellschafter.[151] Die Gewinnverteilungsabrede verfehlt somit das erwünschte Besteuerungsziel, wonach eine Besteuerung entsprechend der erfolgten Gewinnverteilung stattfinden sollte.[152] Dieser Auffassung folgt die Finanzverwaltung, wobei sie die beteiligungsquotale Gewinnverteilung bei Familienpersonengesellschaften über § 42 AO herbeiführt.[153]

Die Finanzverwaltung hat sich bislang noch nicht final zu den steuerlichen Folgen einer versagten disquotalen Gewinnausschüttung bei Kapitalgesellschaften geäußert.[154] In ihrem BMF-Schreiben vom 07.12.2000 forderte sie im Falle einer fehlenden Anerkennung des Verteilungsmaßstabs eine beteiligungsproportionale Zurechnung der Gewinne.[155] In den aktualisierten Fassungen des BMF-Schreibens vom 17.12.2013[156] und 04.09.2024[157] wird auf die möglichen Rechtsfolgen der Versagung kein Bezug mehr genommen. Demnach herrscht bisher Uneinigkeit über die steuerlichen Folgen einer fehlenden Anerkennung der Gewinnverteilungsabrede bei Kapitalgesellschaften. Es werden diesbezüglich im Wesentlichen zwei unterschiedliche Meinungen vertreten[158], welche im Folgenden anhand eines Beispiels dargestellt und anschließend erläutert werden (Abbildung 2.1).

---

[151] Vgl. Grever, S. (2019), S. 11.

[152] Vgl. Schwandtner, C. (2006), S. 215.

[153] Vgl. R 15.9 (3) EStR. Zu den steuerlichen Voraussetzungen bei Familienpersonengesellschaften siehe Abschnitt 2.3.1.

[154] Vgl. Strecker, A. (2022), S. 22662.

[155] Vgl. BMF (2000), S. 47.

[156] Vgl. BMF (2013), S. 63.

[157] Vgl. BMF (2024), S. 2125.

[158] Vgl. Werner, R. (2023), S. 869.

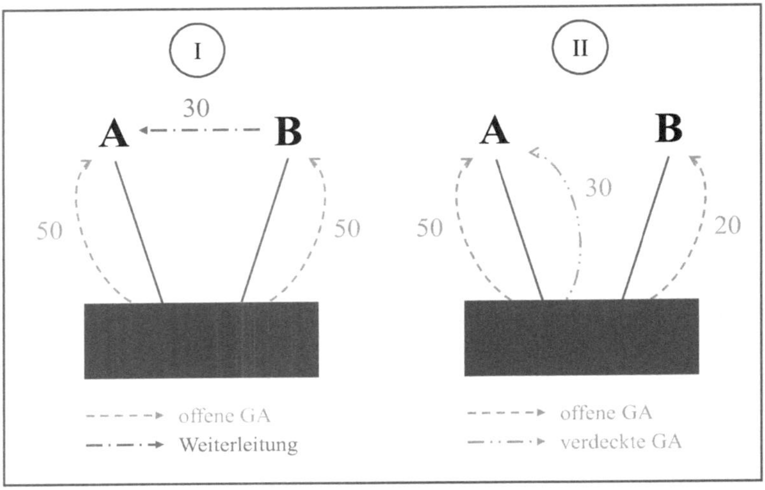

Abbildung 2.1 Mögliche Folgen einer nicht anerkannten disquotalen GA bei KapGes

Es wird angenommen, die Gesellschafter A und B seien zu jeweils 50 % an einer Kapitalgesellschaft beteiligt. Die Gewinnausschüttung beträgt 100 GE, wobei A 80 GE und B 20 GE erhalten sollen. Es liegt folglich eine disquotale Gewinnausschüttung vor, welche im vorliegenden Sachverhalt jedoch ertragsteuerlich nicht anerkannt wird. Zu den ertragsteuerlichen Folgen werden zwei wesentliche Meinungen vertreten.

Im Falle einer fehlenden zivilrechtlichen Anerkennung, könnte der Beschluss über die disquotale Gewinnverteilung als schuldrechtliche Vereinbarung zwischen den Gesellschaftern umqualifiziert werden. Die schuldrechtliche Absprache hätte jedoch keinen Einfluss auf die steuerliche Zurechnung der Gewinnansprüche.[159] Demnach wird u. a. die Auffassung vertreten, den Gesellschaftern sei die offene Gewinnausschüttung im Verhältnis ihrer Beteiligungsquote zuzurechnen.[160] Ein abweichender Zahlungsweg ist für die steuerliche Behandlung unbedeutend.[161] Es wird folglich eine quotale Ausschüttung mit anschließender Weiterleitung des überquotalen Anteils fingiert. In einem gedanklichen ersten Schritt werden

[159] Vgl. Strecker, A. (2022), S. 22662.

[160] Vgl. FG Berlin (2000), S. 1325; Lauer, P., Weustenfeld, F. (2022), S. 990; Pörschke, M. (2017), S. 1167.

[161] Vgl. Pörschke, M. (2017), S. 1168.

den Gesellschaftern die Gewinne beteiligungsproportional zugerechnet. In einem zweiten Schritt leitet ein Gesellschafter dem begünstigten Gesellschafter den überquotalen Anteil weiter.[162] Diese Auffassung entsprich Variante I der vorstehenden Abbildung. Im vorliegenden Beispiel haben somit sowohl A als auch B einen Gewinnanteil i. H. v. 50 GE zu versteuern. Die Weiterleitung i. H. v. 30 GE führt bei dem Zuwendenden als privat veranlasste Einkommensverwendung ggf. nicht zu einer Minderung seines zu versteuernden Einkommens, sodass sein quotaler Gewinnanteil einer Besteuerung unterliegt.[163] Handelt es sich bei dem begünstigten Gesellschafter um eine Kapitalgesellschaft, können bei dieser u. U. Betriebseinnahmen vorliegen, welche nicht der Steuerfreistellung nach § 8b Abs. 1 KStG unterliegen.[164] Die Versagung der Anerkennung der disquotalen Gewinnausschüttung führt somit zu Nachteilen sowohl bei dem über- als auch dem unterquotal beteiligten Gesellschafter.[165] Ist der unterquotal beteiligte Gesellschafter an der übermäßig am Gewinn partizipierenden Gesellschaft beteiligt, kann die Weiterleitung als Einlage i. S. d. § 4 Abs. 1 S. 8 EStG qualifiziert werden. Wird der zukünftige Gewinnauszahlungsanspruch hingegen entgeltlich abgetreten, ist der hieraus erzielte Veräußerungserlös einer Besteuerung nach § 20 Abs. 2 S. 1 Nr. 2 Buchst. a) zu unterwerfen.[166] Eine Besteuerung der Gewinnausschüttung, welche nach § 20 Abs. 5 EStG dem Abtretenden zuzurechnen wäre, findet darüber hinaus nicht statt. Es erfolgt eine Vorverlagerung des Besteuerungszeitpunkts.[167]

Abweichend von der soeben aufgezeigten Auffassung wird die Meinung vertreten, eine steuerlich nicht anerkannte Gewinnausschüttung führe zu einer verdeckten Gewinnausschüttung i. S. d. § 8 Abs. 3 S. 2 KStG der Kapitalgesellschaft an den begünstigten Gesellschafter.[168] Diese Ansicht wird als Variante II in der vorherigen Abbildung veranschaulicht. Das FG Münster vertrat diese Auffassung in seinem Urteil vom 06.05.2020.[169] Verdeckte Gewinnausschüttungen stellen

---

[162] Vgl. Mirbach, S., Egelhof, J. (2023), S. 652.

[163] Zu der steuerlichen Wirksamkeit einer Weiterleitung der Gewinnausschüttung als Gestaltungsalternative zu einer disquotalen Gewinnausschüttung siehe Abschnitt 2.7.1.

[164] Vgl. Mirbach, S., Egelhof, J. (2023), S. 652; Pörschke, M. (2017), S. 1168; Strecker, A. (2022), S. 22662f.

[165] Vgl. Mirbach, S., Egelhof, J. (2023), S. 652.

[166] Vgl. Klaus, A., Manthey, J. (2024), S. 13.

[167] Vgl. Ratschow, E. (2024), § 20 Rn. 361.

[168] Vgl. Jochum, H. (2024), § 20 Rn. C/1 42; Ottersbach, J. (2023), S. 856; Werner, R. (2023), S. 869.

[169] Vgl. FG Münster (2020), Rn. 49; Moldenhauer, D. (2021), S. 312.

in der Regel disquotale Gewinnausschüttungen dar.[170] Dennoch sei noch niemand auf die Idee gekommen, diese quotal auf die Gesellschafter aufzuteilen.[171] Die Abgrenzung zwischen verdeckten und offenen Gewinnausschüttungen erfolge dadurch, dass letztere auf einem gesellschaftsrechtlich wirksamen Gewinnverteilungsbeschluss beruhen.[172] Soweit eine vGA vorliegt, hat eine außerbilanzielle Korrektur des Steuerbilanzgewinns zu erfolgen. Auf Gesellschafterebene unterliegt diese den allgemeinen Besteuerungsgrundsätzen.[173] Die Zurechnung einer vGA findet lediglich beim begünstigten Gesellschafter statt.[174] Eine den Beteiligungsverhältnissen entsprechende Verteilung der vGA kann ausschließlich erfolgen, wenn der unterquotal am Gewinn beteiligte Gesellschafter eine nahestehende Person des übermäßig am Gewinn Beteiligten ist und feststeht, dass die Gesellschaft sowie der Gesellschafter dem begünstigten Gesellschafter durch die Gewinnausschüttung einen Vermögensvorteil zuwenden wollten.[175] Eine derartige Zuwendungsabsicht kann indes nicht durch einen Anscheinsbeweis durch die Finanzverwaltung belegt werden, da die vGA ebenso auf dem Gesellschaftsverhältnis des Empfängers beruhen kann. Die Finanzverwaltung trägt folglich die Beweislast für eine quotale Zurechnung der vGA.[176]

Im Sachverhalt des BFH-Urteils vom 28.09.2022 äußerte sich die Finanzverwaltung in Bezug auf die ertragsteuerlichen Folgen bei Vorliegen eines Näheverhältnisses.[177] Infolge eines, nach Ansicht der Finanzbehörden, zivilrechtlich nichtigen Ausschüttungsbeschlusses, wurde dem Kläger, welcher nicht an der Vorabgewinnausschüttung beteiligt wurde, der Ausschüttungsbetrag beteiligungsproportional zugerechnet. Dieser habe demnach, basierend auf seinem Näheverhältnis zur ausschüttenden Gesellschaft, Einkünfte aus einer vGA gemäß § 20 Abs. 1 Nr. 1 S. 2 EStG erzielt. Im Rahmen eines abgekürzten Zahlungsweges habe der Kläger daraufhin den überquotal ausgeschütteten Gewinnanteil in die T-GmbH, deren einziger Gesellschafter der Kläger war, eingelegt, wodurch sich die Anschaffungskosten seiner Beteiligung erhöht hätten.[178] Der BFH versagte

---

170 Vgl. FG Köln (2016), Rn. 26; FG Münster (2020), Rn. 49.

171 Vgl. FG Köln (2016), Rn. 26; Werner, R. (2023), S. 869.

172 Vgl. FG Münster (2020), Rn. 49; Jochum, (2024), § 20 Rn. C/1 42.

173 Vgl. Micker, L. (2024), § 8 Rn. 405 ff.

174 Vgl. Förster, G. (2015), S. 334; Gosch, D. (2020), § 8 Rn. 210 ff.; Weiss, M. (2023), Rn. 42.

175 Vgl. Birkenmaier, M., Obser, R. (2022), S. 855; Werner, R. (2019), S. 869.

176 Vgl. BFH (1981), S. 249; Förster, G. (2015), S. 334.

177 Zur Erläuterung des Sachverhalts siehe Abschnitt 2.3.2.

178 Vgl. BFH (2022b), Rn. 6 f.

die Auffassung der Finanzverwaltung im Urteilsfall dadurch dass der disquotale Gewinnausschüttungsbeschluss als zivilrechtlich wirksam zu betrachten und somit der Besteuerung zugrunde zu legen sei.[179] Demnach musste der BFH im Urteilsfall nicht entscheiden, ob bei Vorliegen einer vGA infolge einer disquotalen Gewinnausschüttung diese auch dem unterquotal beteiligten Gesellschafter zuzurechnen ist. Als Rechtsfolge einer vGA ist dies bekanntermaßen im Grunde nicht der Fall.[180]

Die ertragsteuerliche Behandlung einer disquotalen Gewinnausschüttung ist in Abhängigkeit von der Ursache der fehlenden steuerlichen Anerkennung zu würdigen.[181] Ist die vereinbarte Gewinnverteilung zivilrechtlich nicht anzuerkennen, wird u. a. gefordert die Ausschüttung entsprechend dem regulären Verteilungsmaßstab vorzunehmen. Dies würde folglich zu der im Gesetz vorgesehenen beteiligungsquotalen Verteilung führen.[182] Die anschließende Weiterleitung auf Gesellschafterebene basiere auf einer zivilrechtlichen Abrede.[183] Dieser Ansicht ist indes entgegenzuhalten, dass es sich bei einer zivilrechtlich nicht anerkannten Gewinnausschüttung um einer vGA handelt.[184] Der Begriff der vGA wird im Gesetzestext nicht definiert und wurde folglich durch die Rechtsprechung des BFH geprägt. Demnach bedarf es auf Gesellschaftsebene einer Vermögensminderung oder verhinderten Vermögensmehrung, die auf dem Gesellschaftsverhältnis beruht, sich auf die Höhe des Einkommens auswirkt und keine offene Gewinnausschüttung darstellt.[185] Diese ist, wie in den vorstehenden Ausführungen erläutert, den Gesellschaftern entsprechend der getätigten Gewinnausschüttung zuzurechnen, sofern der Finanzverwaltung kein Nachweis über eine außerbetriebliche Veranlassung gelingt. Diese Auffassung ist bei zivilrechtlich nichtigen Gewinnverwendungsbeschlüssen zu vertreten, wobei die Gewinnausschüttung in voller Höhe als vGA zu qualifizieren ist.[186] Fraglich ist hingegen was zu gelten hat,

---

[179] Vgl. BFH (2022b), Rn. 34 ff.

[180] Vgl. Zapf, A. (2024), S. 167.

[181] Vgl. Bender, B., Bracksiek, T. (2014), S. 123; Schmidtmann, D. (2014), S. 508; Strecker, A. (2022), S. 22662f.

[182] Vgl. Strecker, A. (2022), S. 22662.

[183] Vgl. Bender, B., Bracksiek, T. (2014), S. 123.

[184] Vgl. Förster, G. (2015), S. 334.

[185] Vgl. BFH (1989), S. 613; Gosch, D. (2020), § 8 Rn. 166.

[186] Die Erfassung der disquotalen Gewinnausschüttung im Falle eines nichtigen Gewinnverwendungsbeschlusses erfolgt aufwandswirksam. Der entstehende Erstattungsanspruch gegenüber den Gesellschaftern ist in Form einer Einlageforderung erfolgsneutral zu verbuchen, vgl. H 8.5 KStR; BFH (2008), S. 58f. In diesem Fall liegt ein Ergebniseffekt und folglich eine vGA vor.

sofern der Gewinnverwendungsbeschluss zivilrechtlich wirksam, gleichwohl der Beschluss über die Gewinnverteilung nichtig ist. Denn in der Gewinnverteilung besteht das Kernelement der disquotalen Gewinnausschüttung.[187] Gleichwohl stellen der Gewinnverwendungs- und der Gewinnverteilungsbeschluss zivilrechtlich eigenständige Rechtsgeschäfte dar.[188] Die Finanzverwaltung verweist in Bezug auf das Tatbestandmerkmal des Nichtbestehens einer offenen Gewinnausschüttung auf eine nichtige Gewinnverteilung.[189] Anderen Auffassungen folgend, genügt bereits ein zivilrechtlich wirksamer Gewinnverwendungsbeschluss für den Ausschluss einer vGA.[190] Es wird zwar in Bezug auf die vorausgesetzte Vermögensminderung jede Form der Gewinnverwendung als von der vGA erfasst angesehen. Gleichwohl sind ausschließliche Vermögensverschiebungen zwischen den Gesellschaftern nicht vermögensmindernd aus Sicht der Gesellschaft und somit nicht ausreichend für das Vorliegen einer vGA.[191] Eine Auswirkung auf den Steuerbilanzgewinn ist in Hinblick auf die gesellschaftsrechtlich wirksame Gewinnverwendung ebenfalls zu hinterfragen. Für die Beurteilung einer Ergebnisauswirkung ist auf das Entstehen des konkreten Gewinnanspruchs der Gesellschafter abzustellen. Zum Teil wird die Auffassung vertreten, der Gewinnanspruch entstehe erst mit dem Gewinnverteilungsbeschluss[192], nach anderen Auffassungen entsteht der Anspruch bereits mit Beschlussfassung einer Gewinnverwendung.[193] Einen anschließenden Beschluss über den Verteilungsmaßstab bedarf es demnach für die Entstehung des Anspruchs gegen die Gesellschaft nicht.[194] Dieser Auffassung folgend, stellt der überquotal ausgeschüttete Gewinnanteil keine offene Gewinnausschüttung dar und ist aufwandswirksam zu erfassen. Der Verzicht des unterquotal am Gewinn teilhabenden Gesellschafters infolge eines bereits bestehenden Anspruchs stellt lediglich eine erfolgsneutrale verdeckte Einlage dar, sofern diese auf dem Gesellschaftsverhältnis beruht.[195] Der überquotal ausgeschüttete Anteil ist sodann über eine vGA zu korrigieren. Liegt die

---

[187] Zu disquotalen Gewinnausschüttungen infolge der Gewinnverwendung siehe Abschnitt 2.7.6.

[188] Vgl. Birkenmaier, M., Obser, R. (2022), S. 850; v. Selle, D. (2024), § 29 Rn. 2.

[189] Vgl. R 8.5 Abs. 1 S. 1 KStR.

[190] Vgl. Gosch, D. (2020), § 8 Rn. 375; Kohlhepp, R. (2008), S. 89; Weitemeyer, B., Maciejewski, T. (2021), Rn. 1065.

[191] Vgl. Wilk, S. (2024), § 8 Rn. 105.

[192] Vgl. Birkenmaier, M., Obser, R. (2022), S. 852.

[193] Vgl. v. Selle, D. (2024), § 29 Rn. 32.

[194] Vgl. Leuschner, L. (2020), § 29 Rn. 155.

[195] Vgl. Rieser, F. (2021), § 17 Rn. 129.

Veranlassung nicht im Gesellschaftsverhältnis, ist der Forderungsverzicht hingegen erfolgswirksam zu berücksichtigen.[196] In diesem Fall liegt im Ergebnis keine Erfolgsauswirkung vor, welche durch eine vGA zu auszugleichen wäre.

Wurde die disquotale Gewinnausschüttung zivilrechtlich wirksam vereinbart, kann die Ursache für die steuerliche Versagung lediglich auf einem Gestaltungsmissbrauch nach § 42 AO beruhen. Es besteht zwar kein Konkurrenzverhältnis zwischen der Vorschrift des § 42 AO und § 8 Abs. 3 S. 2 KStG, nach dem sich die Normen tatbestandlich ausschließen würden.[197] Aufgrund der zivilrechtlichen Wirksamkeit der Gewinnausschüttung handelt es sich indes um eine offene Gewinnausschüttung. In Hinblick auf die Tatbestandsmerkmale kann somit keine vGA vorliegen. Es gilt folglich zu prüfen, ob eine beteiligungsquotale Gewinnzurechnung erfolgen kann. Eine solche Gewinnausschüttung wurde tatsächlich nicht durchgeführt, sodass ein den Beteiligungsverhältnissen entsprechender Zufluss von Kapitaleinkünften i. S. d. § 20 Abs. 1 Nr. 1 EStG nicht stattgefunden hat. Eine quotale Gewinnausschüttung kann somit für Zwecke der Ertragsbesteuerung lediglich bestehen, sofern fingiert wird, die Gesellschafter hätten einen Beschluss über eine quotale Gewinnverteilung gefasst. Eine solche Fiktion könnte ihre Begründung in § 42 AO finden. Denn § 42 Abs. 1 S. 3 AO fingiert eine Gestaltung, welche bei einer angemessenen rechtlichen Umsetzung gewählt worden wäre, um die wirtschaftliche Zielsetzung zu erreichen.[198] Demgegenüber wird das Argument aufgebracht, eine beteiligungsquotale Zurechnung der Einkünfte könne nicht aus § 42 AO resultieren, da die Norm lediglich zur Neutralisierung missbräuchlicher Gestaltungen anwendbar ist, gleichwohl keine Ersatztatbestände fingieren kann. Eine quotale Zurechnung der Gewinnausschüttung würde folglich zu einer weit überschießenden Wirkung der Regelung führen.[199] Die Gesellschafter nutzen eine im Gesellschaftsrecht verankerte Gestaltungsmöglichkeit, die grundsätzlich nicht missbräuchlich ist. Sofern am Ergebnis der disquotalen Gewinnausschüttung festgehalten wird, ist eine quotale Zurechnung der Gewinnausschüttung über § 42 AO abzulehnen.[200] Für die Anwendung einer davon abgesehenen wirtschaftlichen Betrachtungsweise fehlt die Gesetzesgrundlage.[201]

---

[196] Vgl. Rieser, F. (2021), § 17 Rn. 130.

[197] Vgl. Micker, L. (2024), § 8 Rn. 214.

[198] Vgl. Koenig, U. (2024), § 42 Rn. 28.

[199] Vgl. FG BW (2008), S. 1207 f.

[200] Vgl. Förster, G. (2015), S. 333 f.

[201] Vgl. Bender, B., Bracksiek, T. (2014), S. 123.

2.5 Erbschaft- und schenkungsteuerliche Behandlung disquotaler Gewinnausschüttungen

2.5.1 Besteuerung disquotaler Gewinnausschüttungen

Die Beurteilung der ertragsteuerlichen Anerkennung einer disquotalen Gewinnausschüttung wirkt sich auch auf deren schenkungsteuerliche Würdigung aus. Während bei ertragsteuerlicher Anerkennung der disquotalen Gewinnausschüttung häufig keine Schenkung vorliegt, könnte bei einer ertragsteuerlichen Versagung der disquotalen Einkünftezuordnung grundsätzlich eine freigebige Zuwendung gegeben sein.[202] Darüber hinaus ist anzumerken, dass das aktuelle BMF-Schreiben vom 04.09.2024 vorrangig eine ertragsteuerliche Würdigung der disquotalen Gewinnausschüttung vornimmt. Infolge des mittlerweile nicht mehr aufgenommenen Verweises des BMF auf das Vorliegen eines Gestaltungsmissbrauchs nach § 42 AO beim Fehlen von außersteuerlichen Gründen, kann eine disquotale Gewinnausschüttung aufgrund eines zivilrechtlich wirksamen Beschlusses ertragsteuerlich anerkannt sein, gleichwohl u. U. schenkungsteuerlich eine freigebige Zuwendung darstellen. Das Vorliegen einer freigebigen Zuwendung i. S. d. § 7 Abs. 1 Nr. 1 ErbStG bedarf die Erfüllung objektiver sowie subjektiver Merkmale.[203] Die Voraussetzungen der objektiven Kriterien liegen vor, wenn der Beschenkte eine Vermögensmehrung erfährt, welche diesem unentgeltlich zugewendet wird.[204] Die Vermögensminderung beim Hingebenden muss nicht deckungsgleich erfolgen.[205] Gleichwohl ist eine Entreicherung des Zuwendenden erforderlich.[206] Bei der Prüfung, ob eine Bereicherung des Bedachten vorliegt, ist im Rahmen der disquotalen Gewinnausschüttungen auf die konkrete Gewinnverteilung bei Personengesellschaften bzw. den Gewinnverwendungs- und Gewinnverteilungsbeschluss bei Kapitalgesellschaften abzustellen. Durch die ledigliche Vereinbarung der disquotalen Gewinnverteilung im Gesellschaftsvertrag erfolgt noch keine Bereicherung des Bedachten.[207] Der Schenkungsteuer unterliegt die Vermögensmehrung im Zeitpunkt der tatsächlichen Ausführung

[202] Vgl. Brüggemann, G. (2020), Tz. 2.

[203] Vgl. Schuck, S. (2023), § 7 Rn. 3.

[204] Vgl. Milatz, J., Christopeit, I. (2022), § 7 Rn. 3.

[205] Vgl. Milatz, J., Christopeit, I. (2022), § 7 Rn. 3.

[206] Vgl. Gebel, D. (2024), § 7 Rn. 21 f.

[207] Vgl. Winkels, G. (2013), S. 163 f.

der Zuwendung, im Zuge dessen die Steuer gemäß § 9 Abs. 1 Nr. 2 ErbStG entsteht.[208] Das subjektive Tatbestandmerkmal erfordert den Willen des Zuwendenden, einen Dritten unentgeltlich begünstigen zu wollen.[209] Der Zuwendende muss demnach darüber in Kenntnis sein, dass keine oder zumindest keine angemessene Gegenleistung zu seinen Gunsten erbracht wird.[210]

2.5.1.1 Schenkungsteuerbarkeit bei Personengesellschaften

Für Zwecke der Erbschaft- und Schenkungsteuer war lange Zeit strittig, ob bei Schenkungen an und von Personengesellschaften die Gesellschaft selbst oder die dahinter stehenden Gesellschafter als Steuersubjekt anzusehen sind.[211] Während § 2 ErbStG lediglich die abstrakte Steuerpflicht natürlicher sowie juristischer Personen regelt, ist für die Bestimmung der Steuerschuldnerschaft § 20 ErbStG maßgebend.[212] Die darin enthaltenen Begriffe „Erwerber" und „Schenker" werden jedoch nicht definiert.[213] Die Beurteilung basierte aufgrund der fehlenden Gesetzesgrundlage bislang auf der Rechtsprechung des BFH, wonach die Gesellschafter das Steuersubjekt darstellen.[214] Infolge des MoPeG wurde die Ansicht des BFH nun gesetzlich in § 2a ErbStG verankert, wonach bei unentgeltlichen Übertragungen, an denen rechtsfähige Personengesellschaften beteiligt sind, die Gesellschafter als Erwerber bzw. Zuwendende gelten.[215] Aufgrund der Transparenz der Personengesellschaft dürfte somit davon ausgegangen werden, dass erfolgende Schenkungen an die Gesellschaft stets den Wunsch enthalten, den Gesellschaftern etwas zuzuwenden.[216] Die Bestimmung der Steuerklasse erfolgt demnach nach dem Verhältnis der beteiligten Gesellschafter zueinander.[217] Insbesondere bei Familiengesellschaften kann dies aufgrund des Verwandtschaftsverhältnisses von Vorteil sein.[218]

---

208 Vgl. Gebel, D. (2024), § 7 Rn. 47.

209 Vgl. Milatz, J., Christopeit, I. (2022), § 7 Rn. 6.

210 Vgl. Curdt, T. (2024), § 7 Rn. 2.

211 Vgl. Götz, H. (2024a), § 2a Rn. 1.

212 Vgl. Schienke-Ohletz, T. (2020), § 2 Rn. 3.

213 Vgl. Reich, M., Herrmann, N. (2024), S. 14.

214 Vgl. BFH (1994b), S. 81; BFH (2017c), S. 38; BFH (2020a), S. 658; Götz, H. (2024a), § 2a Rn. 1.

215 Vgl. Zerbe, S., Bruckbauer, T. (2024), S. 9; Zu weiteren Ausführungen bzgl. der möglichen Auswirkungen infolge des MoPeG siehe Abschnitt 3.4.2.

216 Vgl. Birnbaum, M., Escher, J. (2014), S. 1417.

217 Vgl. Gräfe, M. (2024), § 15 Rn. 80.

218 Vgl. Gebel, D. (2024), § 7 Rn. 191.

Wird die Beteiligung an einer Personengesellschaft mit einem Gewinnübermaß ausgestattet, welches nicht durch die Leistungen des Gesellschafters, wie bspw. dessen Kapital- oder Arbeitseinsatzes, gerechtfertigt ist oder einem fremden Dritten in der Regel nicht eingeräumt werden würde, stellt das Gewinnübermaß gemäß § 7 Abs. 6 ErbStG eine selbstständige Schenkung dar. Die Norm kommt auf überhöhte Gewinnbeteiligungen bei der Aufnahme eines Gesellschafters zur Anwendung.[219] Die Frage, ob eine nachträglich vereinbarte überhöhte Gewinnbeteiligung von § 7 Abs. 6 ErbStG erfasst wird, wenn im Rahmen dessen keine Veränderung der Beteiligungsverhältnisse erfolgt, ist strittig.[220] Es wird mit Verweis auf den Gesetzeswortlaut die Meinung vertreten, dass § 7 Abs. 6 ErbStG lediglich bei einer schenkweisen Übertragung des zugehörigen Gesellschaftsanteils zur Anwendung kommen kann. Denn der Gesetzestext sieht als Rechtsfolge das Gewinnübermaß als „selbstständige" Schenkung an. Es werde demnach ein weiteres Rechtsgeschäft vorausgesetzt, von welchem infolgedessen die überhöhte Gewinnbeteiligung als selbstständig abzugrenzen ist.[221] Dieser Auffassung folgend könnte die überhöhte Gewinnbeteiligung indes von § 7 Abs. 1 Nr. 1 ErbStG erfasst werden, wonach eine freigebige Zuwendung vorliegen würde.[222]

Die Finanzverwaltung widerspricht jedoch dieser Ansicht. Demnach seien sowohl die nachträgliche Gewährung einer überhöhten Gewinnbeteiligung als auch die nachträgliche Erhöhung dieser von § 7 Abs. 6 ErbStG erfasst.[223] Auch in der Literatur wird teilweise die Meinung vertreten, dass § 7 Abs. 6 ErbStG anwendbar sei, wenn die überhöhte Gewinnbeteiligung erst nachträglich durch einen Gesellschafterbeschluss entsteht.[224] Die Feststellung, ob und in welchem Umfang ein Gewinnübermaß vorliegt, ist nach ertragsteuerlichen Grundsätzen zu treffen.[225] Liegt dieses ertragsteuerlich nicht vor, ist der Jahreswert für Zwecke des § 7 Abs. 6 ErbStG eigenständig zu ermitteln.[226] Für die ertragsteuerliche Beurteilung ist auf die Rechtsprechung des BFH zurückzugreifen, wonach eine

---

[219] Vgl. Felten, C. (2024), § 7 Rn. 452.

[220] Vgl. Schuck, S. (2024), § 7 Rn. 212 ff.

[221] Vgl. Grever, S. (2019), S. 13; Hannes, F., Holtz, M. (2021a), § 7 Rn. 151; Werner, R. (2023), S. 873.

[222] Vgl. Fischer, M. (2017), § 7 Rn. 522; Götz, H. (2024b), § 7 Rn. 329; Hannes, F., Holtz, M. (2021a), § 7 Rn. 151.

[223] Vgl. Milatz, J., Christopeit, I. (2022), § 7 Rn. 41; R E 7.9 Abs. 2 S. 1 ErbStR.

[224] Vgl. Curdt, T. (2024), § 7 Rn. 190.7; Esskandari, M. (2020), § 7 Rn. 524.

[225] Vgl. R E 7.9 Abs. 1 S. 1 ErbStR.

[226] Vgl. R E 7.9 Abs. 1 S. 2 ErbStR.

Gewinnbeteiligung eines nicht mitarbeitenden Gesellschafters als übermäßig gilt, wenn die Rendite auf längere Sicht betrachtet 15 % übersteigt.[227]

Das Gewinnübermaß ist gemäß § 7 Abs. 6 ErbStG mit dem Kapitalwert zu bewerten. Der zu kapitalisierende Jahreswert des Gewinnübermaßes kann anhand der vergangenen drei Wirtschaftsjahre vor der Schenkung bestimmt werden, sofern keine Anzeichen für eine Veränderung der Ertragsaussichten bestehen.[228] Der Kapitalisierungsfaktor ist in Abhängigkeit der im Gesellschaftsvertrag vereinbarten Dauer des Gewinnübermaßes zu ermitteln. Handelt es sich um eine immerwährende Nutzung, ist diese mit dem 18,6-fachen des Jahreswertes anzusetzen. Besteht die überhöhte Gewinnbeteiligung auf unbestimmte Dauer, beträgt der Kapitalisierungsfaktor gemäß § 13 Abs. 2 BewG 9,3.[229] Die Finanzverwaltung geht grundsätzlich von einem Ansatz des 9,3-fachen Jahreswertes aus, sofern keine Anzeichen für eine abweichende Dauer gegeben sind.[230] Die Gesellschafter können durch eine im Gesellschaftsvertrag festgelegte niedrigere Laufzeit den Vervielfältiger senken. Dies gilt ebenfalls, wenn der Gesellschafter unter Beachtung von Kündigungsfristen aus der Gesellschaft ausscheiden kann.[231]

Die Belastung mit Schenkungsteuer kann nach der Regelung des § 7 Abs. 6 ErbStG infolge der Besteuerung einer Anteilsschenkung und der selbstständigen Schenkung des Gewinnübermaßes die Steuerbelastung bei Zuwendung eines höheren quotalen Anteils an der Gesellschaft übersteigen. Infolgedessen ist im Einzelfall zwischen einer disquotalen Ausgestaltung der Gewinnverteilung und der Schenkung eines höheren Kapitalanteils mit quotaler Gewinnverteilung abzuwägen.[232]

In der Literatur wird eine Schenkungsteuerbarkeit der disquotalen Gewinnausschüttung teilweise mit der Begründung abgelehnt, dass die Erträge bereits auf Ebene der Gesellschafter einer Besteuerung mit Einkommensteuer gemäß § 15 Abs. 1 S. 1 Nr. 2 EStG unterliegen. Eine doppelte Besteuerung mit Einkommen- und Schenkungsteuer wäre demnach systemwidrig.[233] Basierend auf der Steuersystematik sollen entgeltliche Zuwächse des Vermögens der Einkommensteuer, unentgeltliche Erwerbe der Schenkungsteuer unterliegen.[234]

---

[227] Vgl. BFH (1972), S. 8; Esskandari, M. (2020), § 7 Rn. 526.

[228] Vgl. R E 7.9 Abs. 1 S. 3 ErbStR.

[229] Vgl. Curdt, T. (2024), § 7 Rn. 190.5.

[230] Vgl. R E 7.9 Abs. 1 S. 4 ErbStR.

[231] Vgl. Curdt, T. (2024), § 7 Rn. 190.5.

[232] Vgl. Curdt, T. (2024), § 7 Rn. 190.6; Felten, C. (2024), § 7 Rn. 459.

[233] Vgl. BFH (2011), Rn. 19; Grever, S. (2019), S. 13.

[234] Vgl. Crezelius, G. (2011), S. 395.

Beide Steuerarten besteuern folglich den Vermögenszuwachs eines Steuerpflichtigen.[235] Eine Doppelbesteuerung desselben Vorgangs mit Einkommen- und Schenkungsteuer wäre zwar möglich, gleichwohl unsystematisch.[236] Sofern die Anwendbarkeit des § 7 Abs. 6 ErbStG bei nachträglich gewährten disquotalen Gewinnverteilungen abgelehnt wird, kann diese ausschließlich von § 7 Abs. 1 Nr. 1 ErbStG erfasst werden.[237] Gleichwohl wird auch der überquotale Anteil bei dem Gesellschafter der Ertragsbesteuerung unterworfen. Basierend auf der Steuersystematik wird diesbezüglich die Auffassung vertreten, die Besteuerung mit Ertragsteuern sei einer Besteuerung mit Schenkungsteuer vorzuziehen.[238] Die disquotale Gewinnausschüttung kann gedanklich in zwei Teilschritte zerlegt werden. Während in einem ersten Schritt eine Gewinnausschüttung erfolgt, welche der Ertragsbesteuerung unterliegt, kann in einem zweiten Schritt eine ertragsteuerlich unbeachtliche Weiterleitung des Gewinnanteils vorliegen. Der Schenkungsteuer unterliegt indes lediglich die ertragsteuerlich unbeachtliche Weiterleitung des überquotalen Anteils. Würde die Gewinnausschüttung zunächst quotal vorgenommen und der überquotale Anteil im Anschluss an den Mitgesellschafter zugewendet werden, würde eine entsprechende Doppelbelastung des überquotalen Anteils ebenfalls bestehen. Gleichwohl würde die ertragsteuerliche Besteuerung des überquotalen Anteils bei dem verzichtenden Gesellschafter erfolgen.

2.5.1.2 Schenkungsteuerbarkeit im Verhältnis zur Kapitalgesellschaft

Im Rahmen einer möglichen Schenkungsteuerpflicht der disquotalen Gewinnausschüttung ist zwischen einer potenziellen Schenkung der Kapitalgesellschaft sowie einer potenziellen Schenkung der unterquotal am Gewinn beteiligten Gesellschafter jeweils an den begünstigten Gesellschafter zu unterscheiden. Schüttet eine Kapitalgesellschaft ihren Gewinn offen an die Gesellschafter im Verhältnis ihrer Beteiligungen aus, ist die Gewinnausschüttung grundsätzlich nicht schenkungsteuerpflichtig.[239] Im Verhältnis der Kapitalgesellschaft zu ihren Gesellschaftern ist neben offenen und verdeckten Gewinnausschüttungen sowie

[235] Vgl. Kirchhof, P. (2011), S. 160.

[236] Vgl. Crezelius, G. (2011), S. 395.

[237] Vgl. Curdt, T. (2024), § 7 Rn. 187; Felten, C. (2024), § 7 Rn. 452.

[238] Vgl. Curdt, T. (2024), § 7 Rn. 187; Felten, C. (2024), § 7 Rn. 452.

[239] Vgl. Werner, R. (2023), S. 873.

Kapitalrückgewährungen das Vorliegen einer freigebigen Zuwendung nicht möglich.[240] Vorteilszuwendungen einer Kapitalgesellschaft an deren Gesellschafter sind stets durch das Gesellschaftsverhältnis zumindest mitveranlasst.[241] Der überquotal beteiligte Gesellschafter wird zwar durch die disquotale Gewinnausschüttung bereichert, da die Bereicherung jedoch auf dem Gesellschaftsverhältnis beruht, ist sie nicht freigebig.[242] Eine hiervon abweichende wirtschaftliche Betrachtungsweise ist nicht anzuwenden, da für das Vorliegen einer freigebigen Zuwendung ausschließlich die Zivilrechtslage entscheidend ist.[243] Gewinnausschüttungen erfolgen darüber hinaus unabhängig davon, ob diese offen, verdeckt, quotal oder disquotal getätigt werden, nicht unentgeltlich. Sie könnten hingegen als „entgeltfremd" bezeichnet werden.[244] Die Gewinnausschüttung stellt eine Gegenleistung für die Überlassung von Kapital dar.[245]

Die Finanzverwaltung vertrat im Gleichlautenden Ländererlass vom 14.03.2012 noch die Ansicht, eine überhöhte Vergütung stelle eine gemischte freigebige Zuwendung der Kapitalgesellschaft an den Gesellschafter dar.[246] Diese Auffassung wurde von der Finanzverwaltung mittlerweile aufgegeben.[247] Im Ergebnis ergibt sich, dass disquotale Gewinnausschüttungen keine freigebige Zuwendung i. S. d. § 7 Abs. 1 Nr. 1 ErbStG der Kapitalgesellschaft zugunsten eines Gesellschafters darstellen.[248]

2.5.1.3 Schenkungsteuerbarkeit im Verhältnis zu den Mitgesellschaftern

Im Verhältnis der Gesellschafter untereinander betrachtet die Finanzverwaltung den Verzicht auf einen bereits entstandenen Gewinnanspruch eines Gesellschafters zugunsten eines Mitgesellschafters in der Regel als freigebige Zuwendung i. S. d. § 7 Abs. 1 Nr. 1 ErbStG.[249] Dies soll nach Auffassung der Finanzverwaltung ebenfalls für disquotale Gewinnausschüttungen gelten, sofern diese

---

240 Vgl. BFH (2013a), S. 930 f.; Grever, S. (2019), S. 13; R E 7.5 Abs. 1 S. 1 ErbStR.

241 Vgl. Binnewies, B. (2013), S. 450; Werner, R. (2023), S. 873.

242 Vgl. Bender, B., Bracksiek, T. (2014), S. 126.

243 Vgl. Bender, B., Bracksiek, T. (2014), S. 126; BFH (2007b), S. 259.

244 Vgl. Fischer, M. (2017), § 7 Rn. 255b.

245 Vgl. Binnewies, B. (2013), S. 449.

246 Vgl. Oberste Finanzbehörden der Länder (2012), Abs. 2.6.2.

247 Vgl. Oberste Finanzbehörden der Länder (2018), Abs. 2.6.1.f.

248 Vgl. Bender, B., Bracksiek, T. (2014), S. 126; BFH (2017d), S. 293f.; Grever, S. (2019), S. 13; Pörschke, M. (2017), S. 1168; Werner, R. (2023), S. 873.

249 Vgl. R E 7.5 Abs. 7 S. 10 ErbStR.

nicht leistungsbezogen erfolgen.[250] Diese Auffassung wird insbesondere befürwortet, wenn die disquotale Gewinnausschüttung als abgekürzter Zahlungsweg der Gesellschafter untereinander verstanden wird. Bei einem fehlenden Leistungsbezug kann dies zu einer Schenkungsteuerpflicht führen.[251] Das Zulassen der disquotalen Gewinnausschüttung und der Verzicht auf die Geltendmachung eines Rückzahlungsanspruchs führen zu einer Vermögensverschiebung zwischen den Gesellschaftern.[252] Als Schenker würde insbesondere der Gesellschafter, der die disquotale Gewinnausschüttung veranlasst hat, in Betracht kommen. Im Falle mehrerer Gesellschafter kann eine quotale Zuwendung der Gesellschafter angenommen werden.[253]

Die schenkungsteuerliche Behandlung der disquotalen Gewinnausschüttung zwischen den Gesellschaftern ist umstritten. In der Literatur wird teilweise eine Steuerbarkeit angenommen[254], andere Stimmen lehnen diese ab.[255] Die Schenkungsteuerbarkeit der disquotalen Gewinnausschüttung kann sich ausschließlich aus § 7 Abs. 1 Nr. 1 ErbStG ergeben.[256] Während § 7 Abs. 6 ErbStG lediglich für Personengesellschaften gilt, greift § 7 Abs. 8 ErbStG nur bei disquotalen Leistungen an die Kapitalgesellschaft.[257] Liegen leistungsbezogene Gründe für die Vereinbarung vor, kann keine freigebige Zuwendung gegeben sein.[258] Der subjektive Tatbestand erfordert den Willen des Zuwendenden, den Bedachten unentgeltlich zu bereichern.[259] Unterliegen die Gesellschafter untereinander keinem Näheverhältnis, kann dem unterquotal am Gewinn beteiligten Gesellschafter i. d. R. kein Bereicherungswille gegenüber dem überquotal Beteiligten unterstellt werden. Bei fremden Dritten ist grundsätzlich von eigenen wirtschaftlichen Interessen auszugehen.[260] Die Vermögensmehrung beim Bedachten muss vom Zuwendenden zwar gewollt sein, indes ist nicht erforderlich, dass diese auch das Hauptziel der Vermögenshingabe ist. Ausreichend wäre demnach auch, dass der

---

[250] Vgl. R E 7.5 Abs. 7 S. 11 ErbStR; Seifert, M. (2020), S. 956.
[251] Vgl. Werner, R. (2023), S. 873.
[252] Vgl. Binnewies, B. (2013), S. 450.
[253] Vgl. Breyer, M., Matenaer, S. (2024), Rn. 3; R E 7.5 Abs. 7 S. 7 ErbStR.
[254] Vgl. Birkenmaier, M., Obser, R. (2022), Rn. 45.
[255] Vgl. Götz, H. (2024b), § 7 Rn. 54; Grever, S. (2019), S. 13; Lauer, P., Weustenfeld, F. (2022), S. 990 f.
[256] Vgl. Götz, H. (2024b), § 7 Rn. 53 f.
[257] Vgl. Winkels, G. (2014), S. 131.
[258] Vgl. Birkenmaier, M., Obser, R. (2022), Rn. 43.
[259] Vgl. BFH (1994a), S. 369; Schuck, S. (2023), § 7 Rn. 20 f.
[260] Vgl. Strahl, M., Bauschatz, P. (2003), S. 13621 f.; Strecker, A. (2022), S. 22663 f.

Zuwendende die Vermögensmehrung nur als Nebenfolge billigt.[261] Dem Zuwendenden muss lediglich bewusst sein, dass er die Leistung ohne den Erhalt einer Gegenleistung oder rechtlicher Verpflichtungen erbringt.[262]

In Hinblick auf den objektiven Tatbestand der freigebigen Zuwendung kann von einer Vermögensmehrung bei dem überquotal beteiligten Gesellschafter ausgegangen werden. Die Unentgeltlichkeit dürfte ebenfalls gegeben sein, wenn keine Gegenleistung erbracht wird. Fraglich ist hingegen, ob überhaupt ein Zuwendungsverhältnis der Gesellschafter untereinander vorliegt. Durch die Gesellschafter erfolgt lediglich eine Beschlussfassung infolge derer die disquotale Gewinnausschüttung an die Gesellschafter erfolgt.[263] Es ist zudem strittig, ob die Gesellschafter bei Vorliegen einer wirksamen Vereinbarung über die disquotale Gewinnausschüttung tatsächlich entreichert werden. Da bei den unterquotal beteiligten Gesellschaftern kein tatsächlicher Vermögensabfluss stattfindet, ist zu hinterfragen, ob dies durch die Wertminderung der Anteile bereits gegeben ist.[264]

Gegen eine Schenkungsteuerbarkeit der disquotalen Gewinnverteilung wird zudem angebracht, dass der Gesetzgeber mit § 7 Abs. 6 ErbStG eine eigenständige Norm für die Besteuerung eines Gewinnübermaßes bei Personengesellschaften verabschiedet hat. Wäre diese Rechtsfolge für Kapitalgesellschaften ebenfalls erwünscht gewesen, hätte der Gesetzgeber eine entsprechende Regelung auch für Kapitalgesellschaften geschaffen.[265] Aufgrund der Auffassung der Finanzverwaltung, wonach die disquotale Gewinnausschüttung bereits als freigebige Zuwendung der Besteuerung unterliegt, sah der Gesetzgeber offenbar keinen Anlass für die Schaffung eines weiteren Steuertatbestandes.

2.5.2 Übertragung eines Gesellschaftsanteils

2.5.2.1 Bewertung einer Beteiligung an einer Personengesellschaft

Im Rahmen der schenkweisen Übertragung einer Beteiligung an einer Personengesellschaft ist das Rechtsverhältnis zwischen § 7 Abs. 6 ErbStG und § 97 Abs. 1a BewG umstritten. Während § 7 Abs. 6 ErbStG die Ausstattung einer Beteiligung mit einem Gewinnübermaß als selbstständige Schenkung betrachtet,

[261] Vgl. Gebel, D. (2024), § 7 Rn. 278.

[262] Vgl. Milatz, J., Christopeit, I. (2022), § 7 Rn. 5.

[263] Vgl. Grever, S. (2019), S. 13.

[264] Vgl. Grever, S. (2019), S. 13; ablehnend: Strahl, M., Bauschatz, P. (2003), S. 13622.

[265] Vgl. Bender, B., Bracksiek, T. (2014), S. 126; Werner, R. (2023), S. 873.

wird eine disquotale Gewinnverteilung bereits bei der Bewertung der Beteiligung nach § 97 Abs. 1a BewG berücksichtigt.[266] Wird eine Beteiligung an einer Personengesellschaft übertragen, welche bereits mit einem Gewinnübermaß ausgestattet worden ist, erfolgt nach Ansicht der Finanzverwaltung keine zusätzliche Anwendung des § 7 Abs. 6 ErbStG, da das Gewinnübermaß bereits über § 97 Abs. 1a Nr. 1 Buchst. b) BewG Berücksichtigung findet.[267] Erfolgt die Gewährung des Gewinnübermaßes erst im Zeitpunkt der Schenkung soll § 7 Abs. 6 ErbStG greifen. In diesem Fall ist das Gewinnübermaß jedoch ebenfalls über § 97 Abs. 1a BewG zu berücksichtigen.[268] Der Anwendungsbereich des § 7 Abs. 6 ErbStG ist somit stark eingeschränkt.[269] Es wird deshalb in der Literatur zum Teil die Abschaffung der Vorschrift gefordert.[270]

Die Anteile an einer Personengesellschaft werden im Rahmen des Bewertungsgesetzes nicht als eigenständige Wirtschaftsgüter angesehen. Stattdessen wird angenommen, dass die Gesellschafter an den Wirtschaftsgütern des Betriebsvermögens der Mitunternehmerschaft beteiligt sind. Es ist folglich für Bewertungszwecke zunächst der Wert des Betriebsvermögens der Personengesellschaft zu ermitteln und dieser anschließend auf die Gesellschafter aufzuteilen.[271] Der Wert des Betriebsvermögens einer Personengesellschaft ist gemäß § 109 Abs. 2 BewG mit dem gemeinen Wert nach § 11 Abs. 2 BewG anzusetzen. Wie dieser unter den Beteiligten aufzuteilen ist, wird in § 97 Abs. 1a BewG geregelt.[272] Dies gilt nicht, sofern der Anteilswert anhand von Verkäufen oder der Ertragsaussichten ermittelt wird.[273] Der Wert des Gesellschaftsanteils bestimmt sich gemäß § 97 Abs. 1a Nr. 3 BewG als Summe des Werts des Anteils am Gesamthandvermögen und dem Wert des Sonderbetriebsvermögens. Trotz des gesellschaftsrechtlichen Wegfalls des Gesamthandsprinzips durch das MoPeG ergeben sich keine Veränderungen der bewertungsrelevanten Rechtsfolgen.[274]

Wird ein Anteil an einer Personengesellschaft mit einer disquotalen Gewinnbeteiligung ausgestattet, ist zu prüfen, wie sich diese auf den Wert des Anteils

---

[266] Vgl. Hannes, F., Holtz, M. (2021a), § 7 Rn. 147.

[267] Vgl. Götz, H. (2024b), § 7 Rn. 319.3; R E 7.9 Abs. 2 S. 2 u. 3 ErbStR.

[268] Vgl. Hannes, F., Holtz, M. (2021a), § 7 Rn. 150.

[269] Vgl. Götz, H. (2024b), § 7 Rn. 319.3.

[270] Vgl. Fischer, M. (2017), § 7 Rn. 521; Winkels, G. (2014), S. 132.

[271] Vgl. Eisele, D. (2024), § 97 Rn. 26.

[272] Vgl. Eisele, D. (2024), § 97 Rn. 26 f.

[273] Vgl. R B 97.4 Abs. 2 S. 2 ErbStR.

[274] Vgl. Wälzholz, E. (2023), § 97 Rn. 27.

auswirkt. Da die disquotale Gewinnverteilungsabrede lediglich den Gewinn zwischen den Gesellschaftern untereinander abweichend zuordnet, dürfte sich diese nicht auf den gemeinen Wert des Betriebsvermögens auswirken. Die Aufteilung des bewerteten Betriebsvermögens erfolgt gemäß § 97 Abs. 1a Nr. 1 BewG anhand von zwei Komponenten. Die Kapitalkonten aus der Gesamthandsbilanz sind den Gesellschaftern vorweg zuzurechnen. Hierbei sind auch der Anteil an der gesamthänderischen Rücklage sowie variable Kapitalkonten zu berücksichtigen, sofern diese nach den ertragsteuerlichen Grundsätzen Eigenkapital der Gesellschaft darstellen.[275] Der verbleibende Betrag ist daraufhin gemäß § 97 Abs. 1a Nr. 1 Buchst. b) BewG zwischen den Gesellschaftern anhand des maßgeblichen Gewinnverteilungsschlüssels zu verteilen. Sofern die Gesellschafter ihre Gewinne nicht vollständig entnommen haben, verfügt der übermäßig am Gewinn beteiligte Gesellschafter aufgrund der disquotalen Verteilung des Gewinns regelmäßig bereits über ein höheres Kapitalkonto als dessen Mitgesellschafter. Somit erhält dieser auf beiden Verteilungsstufen des § 97 Abs. 1a Nr. 1 BewG ein höherer Anteil am gemeinen Wert des Gesamthandsvermögens zugewiesen.

Der für die Aufteilung relevante Gewinnverteilungsschlüssel ist in der Regel aus dem Gesellschaftsvertrag zu entnehmen. Nur sofern dies ausnahmsweise nicht zutreffend ist, greifen die gesetzlichen Regelungen.[276] Es ist nach Auffassung des FG Münster der Gewinnverteilungsschlüssel maßgebend, der für den Erwerber zur Anwendung kommt. Handelt es sich bei der disquotalen Gewinnverteilungsabrede um ein höchstpersönliches Sonderrecht, welches mit der Beendigung der Gesellschafterstellung endet oder durch eine sonstige Begrenzung nicht mit dem Gesellschaftsanteil auf den Erwerber übertragbar ist, ist diese nicht bei der Aufteilung zu beachten.[277] Vorabgewinnanteile sind bei der Aufteilung gemäß § 97 Abs. 1a Nr. 1 Buchst. b) Hs. 2 BewG nicht zu berücksichtigen. Davon umfasst sind gewinnabhängige Vorweggewinnanteile, Tätigkeitsvergütungen sowie gewinnunabhängige Sondervergütungen.[278] Kritisch ist dies für Vorabgewinnanteile zu würdigen, die gewinnabhängig sind und im Wege der Rechtsnachfolge auf den Erwerber übergehen.[279] Durch die fehlende

[275] Vgl. R B 97.4 Abs. 2 S. 1 Nr. 1 S. 2 ErbStR.

[276] Vgl. Dötsch, F. (2024), § 97 Rn. 1646.

[277] Vgl. Eisele, D. (2024), § 97 Rn. 28; FG Münster (2021), S. 1179.

[278] Vgl. Wälzholz, E. (2023), § 97 Rn. 34.

[279] Vgl. Dötsch, F. (2024), § 97 Rn. 1651.

Berücksichtigung von Vorabgewinnanteilen ergeben sich unsystematische Gestaltungsmöglichkeiten, was an dem nachfolgenden Beispiel verdeutlicht werden wird.

An der A-OHG sind die Gesellschafter X und Y zu jeweils 50 % beteiligt. Die Kapitalkonten betragen jeweils EUR 10.000. Es wird ein Gewinn i. H. v. EUR 100.000 erzielt, wobei eine disquotale Gewinnverteilung in Höhe von 75 % zugunsten von X vereinbart wurde. Y möchte seine Beteiligung an Z verschenken, weshalb es seinen Gesellschaftsanteil zu bewerten gilt. In einer abgewandelten Fallkonstellation werden die Gewinne quotal verteil. X steht eine Vorabvergütung in Höhe von EUR 50.000 zu, der verbleibende Gewinn i. H. v. EUR 50.000 wird hälftig aufgeteilt. In Summe erhält X EUR 75.000, was der Beteiligungsquote im Fall der disquotalen Gewinnausschüttung entspricht.[280] Der gemeine Wert der OHG wird mit EUR 300.000 angesetzt (Tabelle 2.1).

Tabelle 2.1 Anteilsbewertung an PersGes bei Vereinbarung von Vorabgewinnvergütungen

[EUR]	**Disquotale Gewinnverteilung**	**Vorabgewinn vergütung**
gW OHG	300.000	300.000
./. Kapitalkonten	20.000	20.000
= Mehrvermögen	280.000	280.000
Kapitalkonto Y	10.000	10.000
anteiliges Mehrvermögen	**70.000** [25 %]	**140.000** [50 %]
gW Anteil Y	**80.000**	**150.000**

Obwohl Y in beiden Fallkonstellationen einen Gewinn aus der OHG in Höhe von EUR 25.000 erzielt, wird sein Anteil in Abhängigkeit von der gewählten Gestaltungsform unterschiedlich bewertet. Da die Vorabvergütung des X keine Auswirkung auf die Verteilung hat, erhält Y 50 % des Mehrvermögens zugerechnet. Hierdurch wird sein Anteil im Vergleich zur Ausgestaltung durch eine disquotale Gewinnverteilung deutlich überbewertet. Der Gesetzgeber unterstellt somit, dass das Mehrvermögen nicht durch Leistungen der Gesellschafter begründet wird, welche durch Vorabgewinnanteile vergütet werden.[281] Die dargestellte

[280] In Anlehnung an Gelhaar, M., Saecker, C. (2011), S. 126 f.

[281] Vgl. Gelhaar, M., Saecker, C. (2011), S. 126 f.

Gestaltung kann indes nicht mit dem erbschaftsteuerlichen Bereicherungsprinzip vereinbar sein.[282] Dieselbe Rechtsfolge lässt sich mit der Gewährung einer überproportionalen Sondervergütung erzielen.[283]

Aufgrund des erbschaft- und schenkungsteuerrechtlichen Bereicherungsprinzips kann es indes zu weiteren Verwerfungen des Gewinnverteilungsschlüssels als Maßstab der Aufteilung kommen.[284] Dies könnte in Konstellationen gegeben sein, in denen die Teilhabe der Gesellschafter am Gewinn von derjenigen am Liquidationserlös abweicht und sich die Personengesellschaft bereits in der Abwicklungsphase befindet oder eine baldige Liquidation der Gesellschaft zu erwarten ist.[285] In diesen Fällen wäre eine Berücksichtigung der Beteiligungsverhältnisse an den Liquidationserlösen zielführender.[286] Eine solche Berücksichtigung gesellschaftsvertraglicher Regelungen einer abweichenden Verteilung des Liquidationserlöses sieht das Gesetz indes nicht vor.[287]

Für Kommanditisten besteht die Einschränkung, dass ihnen laut Ansicht der Finanzverwaltung kein negativer Wert des Gesamthandsvermögens zugerechnet werden kann, wenn die Kommanditeinlage bereits vollständig erbracht worden ist und keine Nachschusspflicht besteht. Der gemeine Wert des Gesamthandsvermögens ist in diesem Fall in Höhe von EUR 0 anzusetzen.[288] Begründet wird dies mit der bestehenden Haftungsbeschränkung des Kommanditisten und der daraus resultierenden Begrenzung der möglichen wirtschaftlichen Belastung im Außenverhältnis.[289] Wurde die Kommanditeinlage noch nicht vollständig einbezahlt oder wurde eine Nachschusspflicht vertraglich vereinbart sowie der nachzuschießende Betrag zum Bewertungsstichtag bereits eingefordert, kann der anteilige Wert des Gesamthandsvermögens insoweit negativ werden.[290] Diese Einschränkung entspricht jedoch nicht dem vom BVerfG[291] geforderten gemeinen Wert, da ein Anteil mit negativem Wert lediglich für EUR 0 erworben wird, sofern zuvor die Tilgung von Schulden oder eine Ausgleichszahlung geleistet wird.[292]

---

282 Vgl. Gelhaar, M., Saecker, C. (2011), S. 125 f.

283 Vgl. Wälzholz, E. (2023), § 97 Rn. 34.

284 Vgl. Dötsch, F. (2024), § 97 Rn. 1646 f.

285 Vgl. Dötsch, F. (2024), § 97 Rn. 1647.

286 Vgl. Dötsch, F. (2024), § 97 Rn. 1648.

287 Vgl. Wälzholz, E. (2023), § 97 Rn. 34.

288 Vgl. R B 97.5 Abs. 2 S. 1 u. 2 ErbStR.

289 Vgl. Eisele, D. (2024), § 97 Rn. 29.

290 Vgl. Oberste Finanzbehörden der Länder (2014), Abs. 2.2.1; R B 97.5 Abs. 2 S. 3 ErbStR.

291 Vgl. BVerfG (2006b), Rn. 93 ff.

292 Vgl. Gerlach, K. (2010), S. 312.

Zudem kann diese Einschränkung dem Gesetzestext des § 97 Abs. 1a BewG nicht entnommen werden. Für die von der Finanzverwaltung vertretene Auffassung besteht folglich keine Rechtsgrundlage.[293] Das FG München hat die Auffassung der Finanzverwaltung indes bestätigt, wobei die Rechtsfrage infolge der eingelegten Revision nun durch den BFH zu entscheiden ist.[294] Nach dem Stand der derzeitigen Rechtsprechung und Verwaltungsauffassung wirken sich disquotale Gewinnverteilungsabreden bei Kommanditisten somit nur beschränkt auf den Wert der Beteiligung aus, wenn dieser negativ ist. Komplementären wird der anteilige Wert des Gesamthandsvermögens unabhängig davon zugerechnet, ob dieser positiv oder negativ ist.[295]

2.5.2.2 Bewertung eines Gesellschaftsanteils an einer Kapitalgesellschaft

Im Gegensatz zu der Bewertung einer Beteiligung an einer Personengesellschaft sind Anteile an einer Kapitalgesellschaft infolge des Trennungsprinzips als eigenständige Wirtschaftsgüter zu betrachten.[296] Zur Bestimmung des Anteilswerts einer nicht börsennotierten Kapitalgesellschaft ist der gemeine Wert nach § 11 Abs. 2 BewG heranzuziehen. Während anhand der direkten Methode eine kapitalisierte Bewertung der Zahlungsströme an den Gesellschafter durchgeführt wird, erfolgt bei der indirekten Methode eine Bewertung des gesamten Unternehmens mit anschließender Aufteilung des ermittelten Werts auf die Gesellschafter.[297] Die Aufteilung des gemeinen Werts unter den Anteilen an der Kapitalgesellschaft erfolgt gemäß § 97 Abs. 1b BewG.[298] Hierbei ist nach § 97 Abs. 1b S. 1 BewG als Verteilungsmaßstab auf das Verhältnis des Anteils am Nennkapital abzustellen. Liegen jedoch Regelungen vor, welche den Wert des Anteils beeinflussen, sind diese gemäß § 97 Abs. 1b S. 4 BewG zu berücksichtigen. Der Gesetzestext verweist diesbezüglich insbesondere auf eine von den Beteiligungsverhältnissen abweichende Gewinnverteilung. In der Praxis wurde deutlich, dass eine ausschließliche Berücksichtigung der Beteiligungsverhältnisse am Nennkapital nicht zwingend zielführend bei der Aufteilung des gemeinen Werts ist. Durch die Berücksichtigung disquotaler Gewinnverteilungsabreden soll

---

293 Vgl. Fehrenbacher, O. (2024), § 97 Rn. 51; Gerlach, K. (2010), S. 311 f.

294 Vgl. FG München (2023), S. 1294.

295 Vgl. R B 97.5 Abs. 4 ErbStR.

296 Vgl. Eisele, D. (2024), § 97 Rn. 33.

297 Vgl. Zerbe, S. (2023), S. 146.

298 Vgl. Fehrenbacher, O. (2024), § 97 Rn. 63.2.

somit eine abweichende Aufteilung ermöglicht werden.[299] Auch der BFH verwies in seinen Entscheidungen auf die zwingende Berücksichtigung disquotaler Gewinnverteilungsabreden bei der Bewertung von Kapitalgesellschaftsanteilen.[300] Sondergewinnbezugsrechte sind demnach bei der Anteilsbewertung zu berücksichtigen.[301]

Nach Ansicht der Finanzverwaltung erfolgt die Berücksichtigung einer disquotalen Gewinnverteilung bei der Aufteilung zunächst, indem der Substanzwert entsprechend den Anteilen am Nennkapital verteilt wird. Im Anschluss ist der Wert nach dem vereinfachten Ertragswertverfahren zu bestimmen. Übersteigt der hierbei ermittelte Wert denjenigen des Substanzwertverfahrens, ist der Differenzbetrag anhand des Gewinnverteilungsschlüssels aufzuteilen. Kommt hingegen das Substanzwertverfahren zur Anwendung, erfolgt keine Berücksichtigung der disquotalen Gewinnverteilung.[302]

Das Vorgehen der Finanzverwaltung stößt insofern auf Kritik, dass sich die disquotale Gewinnverteilungsabrede ausschließlich auf die Residualgröße zwischen vereinfachtem Ertragswert und Substanzwert auswirkt. Gleichwohl stecken im Substanzwert stille Reserven, welche bei einer Realisation nach dem vereinbarten Gewinnverteilungsmaßstab aufgeteilt werden. Hierauf nimmt die disquotale Gewinnverteilung jedoch, trotz der wirtschaftlichen Auswirkungen, keinen Einfluss.[303] Erstrebenswerter könnte demgegenüber eine Zuordnung des Nennkapitals entsprechend der Beteiligungsverhältnisse sein. Ein darüber hinausgehender Betrag könnte im Anschluss entsprechend der Gewinnverteilungsquote aufgeteilt werden.[304] Alternativ wird eine Aufteilung des Unternehmenswertes in Abhängigkeit der angewandten Bewertungsverfahren vorgeschlagen. Sofern der Ertragswert zur Anwendung kommt, wird von einer Unternehmensfortführung ausgegangen, infolge derer die erwarteten künftigen Erträge diskontiert werden. Demnach könne eine Aufteilung des Ertragswertes ausschließlich nach dem Gewinnverteilungsschlüssel stattfinden.[305] Liege hingegen der Substanzwert über dem Ertragswert und bestehen keine Anzeichen einer Liquidation des Unternehmens, könne die Aufteilung des Substanzwertes lediglich anhand

[299] Vgl. Fehrenbacher, O. (2024), § 97 Rn. 63.2; Grootens, M. (2024), § 97 Rn. 23.

[300] Vgl. BFH (2020c), S. 16 ff.; BFH (2022c), S. 484.

[301] Vgl. Fehrenbacher, O. (2024), § 97 Rn. 63.4; FG Düsseldorf (2018), Rn. 20.

[302] Vgl. BayLfSt (2016), S. 966 f.; Fehrenbacher, O. (2024), § 97 Rn. 63.4.

[303] Vgl. Dötsch, F. (2024), § 97 Rn. 1744 ff.

[304] Vgl. Dötsch, F. (2024), § 97 Rn. 1746.

[305] Vgl. Eisele, D. (2024), § 97 Rn. 38.

des Nennkapitals erfolgen. Eine Berücksichtigung der disquotalen Gewinnverteilung sei demnach nicht zu beachten, da der Unternehmenswert nicht anhand der künftigen Erträge ermittelt wurde.[306]

2.6 Verhältnis zwischen Einkommen- und Schenkungsteuer – Belastungsvergleich

Im Rahmen der vorstehenden Ausführungen wurde die ertrag- und schenkungsteuerliche Behandlung disquotaler Gewinnausschüttungen dargelegt. Sofern eine disquotale Verteilung des Unternehmensergebnisses gewünscht wird, bestehen grundsätzlich zwei wesentliche Möglichkeiten zur Herbeiführung dieser. Zum einen kann der Gewinn disquotal aus der Gesellschaft ausgeschüttet werden, zum anderen kann der Gewinn quotal ausgeschüttet und anschließend an den zu begünstigenden Gesellschafter weitergeleitet werden. Während bei erstgenannter Option lediglich eine Ertragsbesteuerung erfolgt, fallen bei der letztgenannten Variante sowohl Ertrag- als auch Schenkungsteuer an. Anhand des nachfolgenden Beispiels sollen die beiden Varianten verdeutlicht und steuerlich gewürdigt werden.

An der G-GmbH sind die Geschwister A und B beteiligt. Während A seine Beteiligung i. H. v. 10 % im Privatvermögen hält, ist B mittelbar zu 90 % beteiligt. A übt durch seine Tätigkeit keinen maßgeblichen unternehmerischen Einfluss auf die Gesellschaft aus. B hält seine Anteile an der G-GmbH im Betriebsvermögen einer gewerblich geprägten GmbH & Co. KG, deren einzige Tätigkeit im Halten der Beteiligung an der G-GmbH liegt. A erzielt darüber hinaus Einkünfte i. S. d. § 19 EStG i. H. v. EUR 100.000.[307] Die Gesellschafter erstreben eine hälftige Aufteilung des Unternehmensergebnisses. Folglich ergibt sich die Frage, ob dies durch eine disquotale Gewinnausschüttung oder eine quotale Gewinnausschüttung mit anschließender Weiterleitung des Differenzbetrages erreicht werden soll. Die Gesellschaftsstruktur sowie die zur Auswahl stehenden Gestaltungsvarianten werden anhand der nachfolgenden Abbildung veranschaulicht (Abbildung 2.2).

[306] Vgl. Eisele, D. (2024), § 97 Rn. 39.

[307] Um die Progressionswirkung der Kapitalertragsteuer nach § 32d EStG mit dem TEV zu vergleichen, soll somit die Günstigerprüfung nach § 32d Abs. 6 EStG vernachlässigt werden.

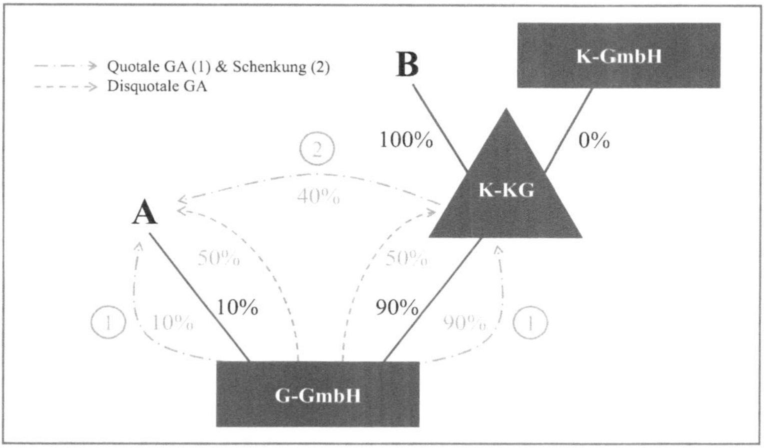

Abbildung 2.2 Quotale GA & Schenkung versus disquotale GA – Darstellung

Basierend auf einer Betrachtung der nachfolgenden drei Veranlagungszeiträume soll untersucht werden, unter welchen Voraussetzungen die disquotale Gewinnausschüttung einer quotalen Gewinnausschüttung mit anschließender Weiterleitung vorzuziehen ist und vice versa. Zielsetzung der Untersuchung ist es, die summierte Gesamtsteuerbelastung beider Gesellschafter zu minimieren. Bei dem Solidaritätszuschlag handelt es sich um eine selbstständige Steuer i. S. d. § 3 AO, die nach § 1 SolZG als Zuschlagsteuer auf die Einkommen- und Körperschaftsteuer erhoben wird.[308] Aus Vereinfachungsgründen wird diese im Rahmen der Vergleichsrechnung nicht berücksichtigt. Zur Ermittlung des Barwertes der Steuerlast wird ein Diskontierungszinssatz i. H. v. 3,5 % angenommen. Der Belastungsvergleich kann der nachfolgenden Tabelle entnommen werden (Tabelle 2.2).

[308] Vgl. Tappe, H. (2024), § 1 Rn. 6; Während der SolZ bei der Kapitalertragsteuer stets zur Anwendung kommt, fällt dieser bei Anwendung des Steuertarifs gemäß § 32a EStG erst ab einem zvE i.H.v. EUR 18.130 bei Einzelveranlagung an, vgl. Tappe, H. (2024), § 1 Rn. 37 ff.

Tabelle 2.2 Quotale GA & Schenkung versus disquotale GA – Belastungsvergleich

[EUR]	**I) Quotale GA & Schenkung**			**II) Disquotale GA**		
Jahr	01	02	03	01	02	03
Gewinn G-GmbH	50.000	100.000	191.857	50.000	100.000	191.857
Ertragsteuern						
Anteil A	[10 %]			[50 %]		
GA	5.000	10.000	19.186	25.000	50.000	95.929
./. Sparer-Pauschbetrag	1.000	1.000	1.000	1.000	1.000	1.000
zvE	4.000	9.000	18.186	24.000	49.000	94.929
Steuerlast § 32d EStG	1.000	2.250	4.546	6.000	12.250	23.732
Anteil B	[90 %]			[50 %]		
GA	45.000	90.000	172.671	25.000	50.000	95.929
Steuerpfl. Anteil [60 %]	27.000	54.000	103.603	15.000	30.000	57.557
zvE	27.000	54.000	103.603	15.000	30.000	57.557
Steuerlast § 32a EStG	3.602	12.372	32.911	581	4.446	13.725
Ertragsteuern gesamt	**4.602**	**14.622**	**37.457**	**6.581**	**16.696**	**37.457**
Schenkungsteuer						
Weiterleitung GA	20.000	40.000	76.743			
./. Freibetrag	20.000	0	0			
steuerpfl. Erwerb	0	40.000	76.700			
Steuerlast	0	6.000	12.100			
Gesamtsteuerlast	**4.602**	**20.622**	**49.557**	**6.581**	**16.696**	**37.457**
Steuerlast diskontiert	4.446	19.251	44.698	6.358	15.586	33.784
Barwert Steuerlast	**68.395**			**55.729**		

Die in Summe vollzogene Gewinnausschüttung ist in beiden Varianten betraglich identisch. Unterschiede in der Ertragsbesteuerung können sich folglich ausschließlich durch Verlagerung des Steuersubstrats zwischen den Gesellschaftern ergeben, da diese unterschiedlichen Steuertarifen unterliegen. Während die Gewinnausschüttung bei Gesellschafter A mit dem proportionalen Steuertarif des § 32d Abs. 1 EStG i. H. v. 25 % besteuert wird, unterliegt die Gewinnausschüttung bei Gesellschafter B gemäß § 3 Nr. 40 Buchst. d) EStG zu 60 % dem progressiven Einkommensteuertarif nach § 32a EStG. Da die Schenkungsteuer eine zusätzliche Belastung darstellt, kann Variante I lediglich günstiger sein, wenn die Schenkungsteuer betragsmäßig geringer ausfällt als der Steuervorteil durch die quotale Verteilung des Steuersubstrats.

Dies ist in Jahr 01 gegeben. Durch die quotale Ausschüttung von 90 % des Unternehmensergebnisses an B erfolgt eine Besteuerung mit einem Steuersatz von durchschnittlich 8 %.[309] Durch die disquotale Gewinnausschüttung in Variante II verringert sich zwar aufgrund des progressiven Steuertarifs der Durchschnittssteuersatz des B, gleichwohl erfolgt eine Besteuerung bei A mit 25 %. Die disquotale Gewinnausschüttung ist ertragsteuerlich somit ungünstig. Da durch die Nutzung des schenkungsteuerlichen Freibetrags nach § 16 Abs. 1 Nr. 5 ErbStG keine zusätzliche Belastung mit Schenkungsteuer anfällt, ist die quotale Gewinnausschüttung mit anschließender Schenkung von 40 % der Gewinnausschüttung des B an den A zu bevorzugen. In Jahr 02 ist die ertragsteuerliche Belastung in Variante I aufgrund des günstigeren Durchschnittsteuersatzes des Gesellschafters B erneut niedriger. Gleichwohl erfolgt eine zusätzliche Belastung der Weiterleitung der Gewinnausschüttung von B an A als freigebige Zuwendung mit einem Schenkungsteuersatz gemäß § 19 Abs. 1 ErbStG i. H. v. 15 %, welche die Gesamtsteuerbelastung um EUR 6.000 erhöht.[310] In Summe fällt die Gesamtsteuerlast bei einer disquotalen Gewinnausschüttung nach Variante II geringer aus. Im Jahr 03 beträgt der ausgeschüttete Gewinn EUR 191.857. Bei diesem Betrag ist die Ertragsteuerbelastung in beiden Varianten identisch. Durch die zusätzliche Besteuerung mit Schenkungsteuer kann folglich keine Ertragsteuer substituiert werden. Folglich kann Variante I in Jahr 03 keineswegs die günstigere Variante darstellen, sodass eine disquotale Gewinnausschüttung zu bevorzugen ist. Im Ergebnis beträgt der Barwert der Steuerlast in Variante II EUR 55.729 und ist somit um EUR 12.666 geringer als der Barwert in Variante I.

Im vorstehenden Musterfall kann die disquotale Gewinnausschüttung zu einer Minderung der Belastung mit Einkommensteuer führen, da die Gesellschafter unterschiedlichen Steuertarifen unterliegen. Würde bei beiden Gesellschaftern die proportionale Kapitalertragsteuer nach § 32d Abs. 1 EStG angewendet werden, könnte durch die disquotale Gewinnausschüttung keine Minderung der gesamten Ertragsteuerbelastung erfolgen. Die zusätzlich anfallende Besteuerung mit Schenkungsteuer in Variante I wäre folglich stets nachteilig, sofern der steuerpflichtige Erwerb des Gesellschafters A nicht durch die Freibeträge nach § 16 ErbStG

309 Bezogen auf die GA, nicht auf das zvE; 3.602/45.000 = 8,00 %.

310 Eine erneute Berücksichtigung des Freibetrages scheidet nach § 14 ErbStG aus, da dieser in Jahr 01 vollständig verbraucht wurde und lediglich nach zehn Jahren erneut gewährt wird, vgl. Hannes, F., Holtz, M. (2021b), § 16 Rn. 5.

in voller Höhe neutralisiert wird. Da die Schenkungsteuer sowohl in Bezug auf den Freibetrag nach § 16 ErbStG als auch den Steuersatz nach § 19 ErbStG von dem Verwandtschaftsverhältnis der beteiligten Personen abhängt[311], ist dieses bei der Betrachtung der Vorteilhaftigkeit stets zu beachten. Es kann folglich in Abhängigkeit der persönlichen Verhältnisse der Beteiligten zu unterschiedlichen Ergebnissen kommen. Würde es sich bei den Gesellschaftern um ein Ehepaar handeln, könnte im vorliegenden Sachverhalt durch den Freibetrag nach § 16 Abs. 1 Nr. 1 ErbStG eine Zusatzbelastung mit Schenkungsteuer vermieden werden.[312] Da die Ertragsteuerlast bei Anwendung der Variante I in Summe geringer ausfällt, wäre folglich eine quotale Gewinnausschüttung mit anschließender Schenkung zu bevorzugen.

2.7 Gestaltungsmöglichkeiten disquotaler Gewinnausschüttungen

Anhand der vorhergehenden Erläuterungen wird deutlich, dass sowohl der BFH als auch die Finanzverwaltung eine zivilrechtlich wirksame Vereinbarung über die disquotale Gewinnausschüttung als Grundstein der ertragsteuerlichen Anerkennung fordern. Der Abschluss einer solchen zivilrechtlichen Vereinbarung kann indes in der Praxis lediglich eine realistische Option für alle Beteiligten sein, wenn die disquotale Gewinnausschüttung auch in Höhe der tatsächlichen Ausschüttungen bei den Gesellschaftern zu steuerpflichtigen Einkünften führt und diese somit steuerlich anerkannt wird.[313] Im Folgenden wird daran anknüpfend dargestellt, welche weiteren Alternativen und Gestaltungsmöglichkeiten die Gesellschafter zur Herbeiführung einer disquotalen Gewinnausschüttung nutzen können.

---

[311] Vgl. Scheffler, W. (2020), Rn. 547.

[312] Gleichwohl wird hierdurch der schenkungsteuerliche Freibetrag teilweise verbraucht, wodurch ein Nachteil bei ggf. zusätzlichen Schenkungen auftreten kann. Zudem bedarf es bei Ausnutzung des Freibetrages einer Prognose der Gewinnausschüttungen der nachfolgenden zehn Veranlagungszeiträume.

[313] Vgl. Schwandtner, C. (2006), S. 215.

2.7.1 Zahlungswirksame Weiterleitung des Gewinns an Mitgesellschafter

Zunächst läge die Annahme nahe, eine zahlungswirksame Weiterleitung des erhaltenen Gewinns des verzichtenden Gesellschafters an den oder die Mitgesellschafter könnte zu einer mittelbaren disquotalen Gewinnausschüttung führen. Während diese Gestaltung zivilrechtlich möglich wäre, ist bei der Prüfung der steuerlichen Anerkennung zwischen Personen- und Kapitalgesellschaften zu unterscheiden. Eine solche Zahlung mindert die steuerpflichtigen Einkünfte des weiterleitenden Gesellschafters lediglich, wenn sie eine Betriebsausgabe bzw. Werbungskosten darstellt. Andernfalls liegt eine steuerlich unbeachtliche Einkommensverwendung vor.[314]

Eine steuerliche Abzugsfähigkeit ist bei Mitunternehmerschaften ausschließlich gegeben, sofern die Zahlung auf der zweiten Ebene der Gewinnermittlung als Sonderbetriebsausgabe qualifiziert wird. Die Aufwendungen müssen folglich durch den Betrieb der Gesellschaft, die Beteiligung an der Gesellschaft oder das Gesellschaftsverhältnis veranlasst sein.[315] Soll ein Gesellschafter für besondere Tätigkeiten im Dienst der Gesellschaft entlohnt werden, ist eine betriebliche Veranlassung und somit eine Sonderbetriebsausgabe beim weiterleitenden Gesellschafter gegeben. Wird die Zahlung hingegen nicht als Sonderbetriebsausgabe des verzichtenden Gesellschafters eingestuft, scheitert die steuerliche Anerkennung der Weiterleitung des Gewinns.[316] Diese Gestaltungsform kann im Ergebnis bei Mitunternehmerschaften ausschließlich genutzt werden, sofern die Motivation für die mittelbar disquotale Gewinnausschüttung in der Abgeltung einer Gegenleistung liegt.[317]

Bei Anteilen an Kapitalgesellschaften gelten im Grundsatz dieselben Voraussetzungen wie bei Beteiligungen an Mitunternehmerschaften.[318] Aufwendungen können gemäß § 4 Abs. 4 EStG ausschließlich bei einer betrieblichen Veranlassung als Betriebsausgaben berücksichtigt werden. Da Dividendenerträge einer Kapitalgesellschaft bei Erreichen der Mindestbeteiligung nach § 8b Abs. 1 S. 1 KStG steuerfrei sind, untersagt § 3c Abs. 1 EStG den

[314] Vgl. Schwandtner, C. (2006), S. 215.

[315] Vgl. BFH (1975b), S. 190.

[316] Vgl. Schwandtner, C. (2006), S. 228 ff.

[317] Vgl. Schwandtner, C. (2006), S. 235. Zudem darf die Gegenleistung nicht bereits aus dem Gesamthandsvermögen vergütet werden, wie dies bspw. bei Abschluss eines Arbeitsvertrages mit der Gesellschaft der Fall wäre.

[318] Vgl. Schwandtner, C. (2006), S. 272.

Abzug damit zusammenhängender Ausgaben als Betriebsausgaben. Bei Anteilen im Betriebsvermögen erfolgt die Berücksichtigung anteilig in Höhe von 60 % der Aufwendungen nach §§ 3 Nr. 40 Buchst. d) i. V. m. 3c Abs. 2 EStG.[319] Werden die Anteile im Privatvermögen gehalten, sind die mit den Kapitaleinkünften zusammenhängenden Werbungskosten auf den Sparer-Pauschbetrag nach § 20 Abs. 9 EStG beschränkt.

Im Ergebnis wird somit deutlich, dass die Weiterleitung des Gewinnanteils die steuerpflichtigen Einkünfte des verzichtenden Gesellschafters lediglich mindern kann, sofern die Weiterleitung betrieblich bedingt ist. Liegt keine leistungsbezogene Vergütung vor, könnte die Zahlung an den Mitgesellschafter zudem als freigebige Zuwendung i. S. d. § 7 Abs. 1 Nr. 1 ErbStG der Schenkungsteuer unterliegen. Somit kann diese Gestaltung nur in seltenen Fällen als Alternative einer disquotalen Gewinnausschüttung genutzt werden.[320]

2.7.2 Schuldrechtliche Vergütung besonderer Gesellschafterleistungen

Als Alternative zu einer disquotalen Gewinnausschüttung kann eine erbrachte Leistung eines Gesellschafters durch den Abschluss eines schuldrechtlichen Vertrages mit der Gesellschaft vergütet werden. Der Vorteil einer schulrechtlichen Vereinbarung liegt in der gewinnmindernden Berücksichtigung der Vergütung auf Gesellschaftsebene.[321] Die Abzugsfähigkeit als Betriebsausgabe gilt indes lediglich bei Kapitalgesellschaften, da der zusätzliche Aufwand einer Mitunternehmerschaft auf zweiter Ebene der Gewinnermittlung als Sondervergütung gewinnerhöhend korrigiert wird.[322] Durch die schuldrechtliche Vereinbarung kann eine disquotale Gewinnzuweisung durchgeführt werden, ohne grundsätzlich Schenkungsteuer auszulösen. Zudem kann ggf. aufgrund der Anwendung des progressiven Steuertarifs des § 32a EStG ein niedrigerer Steuersatz anzuwenden sein. Der anzusetzende Aufwand ist dadurch beschränkt, dass eine Vergütung insoweit als vGA umqualifiziert wird, als diese einen fremdüblichen Betrag übersteigt.[323] Die vGA würde auf Gesellschafterebene indes nach § 20 Abs. 1 Nr. 1 S. 2 EStG

[319] Vgl. Schwandtner, C. (2006), S. 267 ff.

[320] Vgl. Schwandtner, C. (2006), S. 279 f.

[321] Vgl. Breithaupt, J. (2010), § 2 Rn. 139.

[322] Vgl. Weitemeyer, B., Maciejewski, T. (2021), Rn. 506 f.

[323] Vgl. Wassermeyer, F. (1991), S. 1066 f.

ebenfalls zu einer disquotalen Gewinnverteilung führen. Erfolgt eine disquotale Gewinnausschüttung und verzichtet der Gesellschafter auf den Erhalt einer Geschäftsführungsvergütung stellt dies keine verdeckte Einlage dar, sofern kein schulrechtlicher Anspruch auf die Vergütung besteht. Denn in diesem Fall fehlt es an einem einlagefähigen Wirtschaftsgut als Voraussetzung der verdeckten Einlage. Eine verdeckte Einlage wäre lediglich gegeben, sofern der Geschäftsführer nach Entstehung eines Gehaltsanspruchs auf diesen Verzichtet.[324]

An einer GmbH sind die Gesellschafter X und Y zu jeweils 50 % beteiligt. Beide Gesellschafter halten ihre Beteiligung im Privatvermögen und erzielen Einkünfte gemäß § 20 Abs. 1 Nr. 1 EStG, welche nach § 32d Abs. 1 EStG besteuert werden. Der erzielte Jahresüberschuss beträgt EUR 500.000, wobei eine Gewinnausschüttung i. H. v. EUR 200.000 beschlossen wurde. Aufgrund der Tätigkeit des X als Geschäftsführer, soll dieser einen Gewinnanteil i. H. v. 75 % erhalten. Ein fremder Dritter würde für die Tätigkeit EUR 100.000 verlangen. Folglich können die Gesellschafter den Gewinn entweder disquotal ausschütten oder einen schuldrechtlichen Arbeitsvertrag zwischen der GmbH und X schließen, der zu abziehbarem Gehaltsaufwand auf Gesellschaftsebene führt und anschließend eine quotale Ausschüttung vornehmen. Der Unternehmenssteuersatz wird pauschal mit 30 % angesetzt. Der Solidaritätszuschlag wird vernachlässigt. Der Belastungsvergleich kommt zu dem nachfolgenden Ergebnis (Tabelle 2.3).

Tabelle 2.3 Disquotale GA versus Tätigkeitsvergütung – Belastungsvergleich

[EUR]	**Disquotale GA**		**GF-Gehalt**	
Gesellschaftsebene				
vorläufiger JÜ	500.000		500.000	
./. GF-Gehalt	0		100.000	
zvE	500.000		400.000	
./. Steueraufwand	**150.000**		**120.000**	
Gesellschafterebene	X	Y	X	Y
GA	150.000	50.000	50.000	50.000
KapESt § 32d EStG	**37.500**	**12.500**	**12.500**	**12.500**
Einkünfte § 19 EStG	0	0	100.000	0
ESt § 32a EStG	0	0	**31.397**	0
ESt gesamt	**37.500**	**12.500**	**43.897**	**12.500**

324 Vgl. Geserich, S. (2016), S. 2769.

Erfolgt eine disquotale Gewinnausschüttung, fließen dem Gesellschafter X EUR 150.000 und dem Gesellschafter Y EUR 50.000 zu, welche einer Besteuerung mit Kapitalertragsteuer i. H. v. 25 % unterliegen. Entscheiden sich die Gesellschafter für den Abschluss eines schuldrechtlichen Vertrages über eine Geschäftsführungsvergütung i. H. v. EUR 100.000, ist dieser aufgrund der Fremdüblichkeit anzuerkennen. Auf Gesellschaftsebene entsteht ein korrespondierender Aufwand, der zu einer Minderung der Steuerlast um EUR 30.000 führt. Diese Steuerersparnis kommt beiden Gesellschaftern grundsätzlich entsprechend ihrer Beteiligungsquote zugute.[325] X erzielt Einkünfte gemäß § 19 EStG, die dem Einkommensteuertarif des § 32a EStG unterliegen. Anschließend bedarf es lediglich einer quotalen Ausschüttung von EUR 100.000, um die gewünschte Ergebnisverteilung zu erreichen. Zwar steigt die Gesamtsteuerbelastung auf Gesellschafterebene bei X um EUR 6.397, durch die Reduzierung der Steuerlast auf Gesellschaftsebene kann dieser Effekt jedoch ausgeglichen werden.[326]

Durch den Abschluss des schuldrechtlichen Vertrages kann im Beispielsfall die Gesamtsteuerbelastung beider Gesellschafter reduziert werden. Gleichwohl ist diese Gestaltungsmöglichkeit betragsmäßig durch den Fremdvergleichsgrundsatz beschränkt, da eine überhöhte Vergütung insoweit als verdeckte Gewinnausschüttung einzuordnen ist.[327] Es bedarf folglich einer bestimmten Leistung eines Gesellschafters, welche durch den Abschluss eines fremdüblichen schuldrechtlichen Vertrags abgegolten wird. Der Vorteil einer schuldrechtlichen Abrede liegt in der hohen Flexibilität der Gestaltungsabrede. Jedoch ist zu beachten, dass der entstandene Gehaltsaufwand auf Gesellschaftsebene den Jahresüberschuss und folglich die Höhe einer möglichen Gewinnausschüttung der Gesellschaft mindert.[328]

2.7.3 Vorzugsanteile

Bei der Schaffung von Vorzugsanteilen liegt ein Sonderfall der disquotalen Gewinnausschüttung vor, indem eine Bildung verschiedener Anteilsklassen

[325] Der erhöhte JÜ unterliegt bei Ausschüttung zwar einer Besteuerung nach § 32d EStG, gleichwohl kann eine höhere Nettodividende erzielt werden.

[326] Der Steuervorteil des X auf Gesellschaftsebene beträgt EUR 15.000. Durch die Ausschüttung der Steuerersparnis kann X Nettoeinkünfte i.H.v. EUR 11.250 erzielen, die die höhere ESt-Zahlung kompensieren und die Gestaltung vorteilhafter machen.

[327] Vgl. Wassermeyer, F. (1991), S. 1066 f.

[328] Vgl. Heusel, M., Goette, M. (2017), S. 385 f.

erfolgt.[329] Als einfachster Weg zur Einführung von Vorzugsanteilen gilt die Umwandlung bestehender Anteile infolge einer Satzungsänderung.[330] Im Aktienrecht besteht gemäß §§ 12 S. 2 i. V. m. 139 AktG die Möglichkeit zur Emittierung von Vorzugaktien. Durch diese wird eine mitgliedschaftliche Rechtsposition gewährt, indem den Aktionären gemäß § 140 Abs. 1 AktG sämtliche Mitgliedschaftsrechte einer Aktie, mit Ausnahme des Stimmrechts, zugesprochen werden.[331] Als Kompensation für den Stimmrechtsausschluss enthalten Vorzugsaktien einen Vorzug bei der Gewinnverteilung.[332] Der Vorzug kann sich vor allem aus einer Vorabdividende oder einer Mehrdividende ergeben und hat sich stets auf den Bilanzgewinn zu beziehen.[333] Bei der Vorabdividende wird der zu verteilende Gewinn zunächst an die Vorzugsaktionäre und im Anschluss an die Stammaktionäre ausgeschüttet.[334] Liegt hingegen eine Mehrdividende vor, werden die Vorzugsaktionäre, nach einer möglichen Ausschüttung einer Vorabdividende, bei der Gewinnverteilung bevorzugt. Die Mehrdividende kann in Relation zum Bilanzgewinn oder dem Gewinnanspruch der Stammaktionäre festgelegt werden.[335] Entscheidend für die grundsätzliche Gewährung von Vorzugsaktien ist, dass diese durch eine abweichende Satzungsbestimmung geregelt werden müssen.[336] Die Gewährung von Vorzugsrechten ist ebenfalls bei einer GmbH möglich, wobei diese auch ohne einen Stimmrechtsausschluss der betroffenen Gesellschafter ausgestaltet werden können.[337]

Werden Vorzugsanteile geschaffen, geschieht dies erfolgsneutral.[338] Für Zwecke der laufenden Besteuerung ist der erhöhte Gewinnanteil bei den Gesellschaftern zu berücksichtigen.[339] Da es sich bei Vorzugsanteilen um eine Sonderform der disquotalen Gewinnausschüttung handelt, gelten diesbezüglich zwar auch die Grundsätze für die steuerliche Anerkennung disquotaler Gewinnausschüttungen. Vorzugsaktien werden indes steuerlich akzeptiert.[340] Es liegen i. d. R. keine

---

329 Vgl. Blumers, W. et al. (2002), S. 568.

330 Vgl. Blumers, W. et al. (2002), S. 568.

331 Vgl. Krebs, C. (2022), § 139 Rn. 4.

332 Vgl. Krebs, C. (2022), § 139 Rn. 4.

333 Vgl. Bormann, M. (2024), § 139 Rn. 11.

334 Vgl. Bormann, M. (2024), § 139 Rn. 12.

335 Vgl. Bormann, M. (2024), § 139 Rn. 17.

336 Vgl. Vatter, S. (2022), § 12 Rn. 10.

337 Vgl. Birnbaum, M. (2021), § 10 Rn. 93.

338 Vgl. Blumers, W. et al. (2002), S. 568.

339 Vgl. Erhart, G., Riedel, H. (2008), S. 2272.

340 Vgl. Blumers, W. et al. (2002), S. 568.

besonderen Leistungen der Gesellschafter für die disquotale Gewinnausschüttung vor, gleichwohl ergibt sich diese nach § 139 Abs. 1 AktG aus dem Gesetz, sodass hierdurch keine vom gesetzlichen Gewinnverteilungsschlüssel abweichende Regelung besteht.[341] Zudem kann als Gegenleistung der Verzicht auf das Stimmrecht angesehen werden. Die Anwendung bei der GmbH erfolgt analog.[342] Aufgrund des Erfordernisses einer Satzungsregelung stellt die Ausgabe von Vorzugsanteilen indes kein flexibles Gestaltungsinstrument dar, durch das eine jährlich abweichende Gewinnverteilung vereinbart werden kann.[343]

Entsprechende Gestaltungen können auch bei Personengesellschaften durch Vereinbarungen im Gesellschaftsvertrag vorgenommen werden. Ein Stimmrechtsausschluss einzelner Gesellschafter kann basierend auf den gemäß §§ 108 HGB, 708 BGB dispositiven Regelungen und der daraus resultierenden gesellschaftsrechtlichen Gestaltungsfreiheit vereinbart werden. Der durch das MoPeG eingeführte § 109 Abs. 3 HGB stellt dies zudem durch die explizite Abgrenzung der stimmberechtigten Gesellschafter klar.[344] Eine Kompensation des Stimmrechtsausschlusses durch eine erhöhte Gewinnbeteiligung ist unter Verweis auf die dispositiven Normen zur Gewinnverteilung ebenfalls möglich.

2.7.4 Tracking Stocks

Tracking Stocks stellen eine Sonderform der disquotalen Gewinnverteilung dar, bei der das Gewinnbezugsrecht nicht anhand des Unternehmensergebnisses, sondern des Ergebnisses lediglich eines ausgewählten Unternehmenssegments bestimmt wird. Es erfolgt somit eine Zerschlagung der wirtschaftlichen, jedoch nicht der rechtlichen, Einheit.[345] I.d.R. besteht ein Gewinnanspruch auf den laufenden Gewinn sowie einen etwaigen Liquidationserlös lediglich in Bezug auf das betroffene Segment, während sich die sonstigen Gesellschaftsrechte auf die gesamte Gesellschaft erstrecken.[346] Bei Tracking Stocks wird grundsätzlich zwischen „subsidiary shares“, welche sich auf das Ergebnis eines

---

[341] Vgl. Bartmuß, R., Möser, M. (2001), S. 1332 f.

[342] Vgl. Bartmuß, R., Möser, M. (2001), S. 1333.

[343] Vgl. Erhart, G., Riedel, H. (2008), S. 2272.

[344] Vgl. Wertenbruch, J. (2022), S. 941 f.

[345] Vgl. Winkels, G. (2014), S. 129.

[346] Vgl. Prinz, U., Kaeser, C. (2018), § 10 Rn. 377.

Tochterunternehmens beziehen, sowie „divisional shares“, denen eine Unternehmenssparte als Segment zugrunde liegt, unterschieden.[347] Trotz ihres Ursprungs im US-amerikanischen Aktienrecht, sind Tracking Stocks sowohl bei inländischer Kapital- als auch Personengesellschaften anwendbar.[348] Die Einführung von Tracking Stocks kann durch Satzungsänderung bei Kapitalgesellschaften bzw. bei Personengesellschaften durch Änderung des Gesellschaftsvertrags erfolgen.[349] Die Zulässigkeit von Tracking Stocks bei Kapitalgesellschaften ergibt sich folglich aus § 29 Abs. 3 S. 2 GmbHG sowie § 60 Abs. 3 AktG.[350] Bei Personengesellschaften kann sich die Zulässigkeit aufgrund der nach § 708 BGB sowie § 108 HGB dispositiven Normen zur Gewinnverteilung ergeben.

Der gesellschaftsrechtlich vereinbarte, auf dem Grundsatz der Gestaltungsfreiheit zulässige, Gewinnverteilungsschlüssel durch die Tracking Stocks ist auch für Zwecke der Ertragsteuern anzuerkennen.[351] Tracking Stocks stellen keine unangemessene Gestaltung i. S. d. § 42 AO dar, da die wirtschaftliche Zielsetzung im Vordergrund steht, das Unternehmen als rechtliche Einheit bestehen zu lassen, während die Gewinnverteilung an die Gegebenheiten des Einzelfalls angepasst wird.[352] Die Gewinnverteilung in Abhängigkeit eines Segments, für das der Gesellschafter die Verantwortung trägt, rechtfertigt darüber hinaus die disquotale Gewinnverteilung. In der Regel liegen für die Nutzung von Tracking Stocks rechtliche oder wirtschaftliche Gründe vor, die als beachtliche außersteuerliche Gründe neben einem möglichen Steuervorteil bestehen.[353] Basierend auf den Risiken, die der Gesellschafter für das ihm zugeordnete Unternehmenssegment trägt, halten die vorliegenden Gründe einem Fremdvergleich in den meisten Fällen stand.[354] Zudem handelt es sich nicht um eine künstliche, unwirtschaftliche oder komplizierte Gestaltung. Dies steht einer Anwendung des § 42 AO entgegen.[355] Tracking Stocks sind zudem kaum zur steuerlichen Optimierung einsetzbar, wodurch die von der Finanzverwaltung unterstellten Missbrauchsabsichten bei disquotalen Gewinnausschüttungen hierbei nicht zu

[347] Vgl. Prinz, U., Kaeser, C. (2018), § 10 Rn. 377.

[348] Vgl. Winkels, G. (2014), S. 129.

[349] Vgl. Balmes, F., Graessner, H. (2002), S. 839.

[350] Vgl. Tavakoli, A. (2006), S. 1885.

[351] Vgl. Schmidtmann, D. (2014), S. 509; Winkels, G. (2013), S. 125.

[352] Vgl. Winkels, G. (2013), S. 134.

[353] Vgl. Schmidtmann, D. (2014), S. 509; Winkels, G. (2013), S. 139 f.

[354] Vgl. Birnbaum, M., Escher, J. (2014), S. 1415.

[355] Vgl. Cichy, P., Heins, J. (2010), S. 187.

tragen kommen.[356] In besonderen Fällen können Tracking Stocks zwar zur Erzielung von Steuervorteilen eingesetzt werden, indem einem Gesellschafter ein wirtschaftlich besonders erfolgreiches Segment zugeordnet wird, sodass dieser vorhandene Verluste oder den progressiven Steuertarif samt Grundfreibetrag zur Reduzierung der Gesamtsteuerbelastung nutzen kann. Der Gebrauch von gesetzlich gewährten steuerlichen Vorteilen stellt indes noch keine missbräuchliche Gestaltung dar, welche unter § 42 AO zu subsumieren ist, da dem Steuerpflichtigen das Recht zusteht, durch Gestaltungen Steuern zu sparen und eine Nutzung von Verlusten oder des Grundfreibetrages keinen Missbrauch darstellt.[357]

Eine Schenkungsteuerbarkeit der disquotalen Gewinnverteilung durch die Tracking Stocks kann darüber hinaus lediglich gegeben sein, wenn diese ausschließlich privat veranlasst ist.[358] In der Regel stehen bei der Entscheidung für eine Tracking Stock-Gestaltung gesellschaftsbezogene Interessen im Vordergrund, welche selbst bei objektiv ungleichen Gesellschafterbeiträgen den Bereicherungswillen und somit den subjektiven Tatbestand einer freigebigen Zuwendung verdrängen.[359]

Es ist zu vermerken, dass die Aufteilung in Segmente durch die Tracking Stocks lediglich fiktiv für Zwecke der Gewinnverteilung erfolgt. Dies führt dazu, dass Verluste eines Segments die Gewinne eines anderen Segments ausgleichen können. Während dies aus steuerlicher Sicht vorteilhaft sein kann, kann dies indes dazu führen, dass kein ausschüttbarer Gewinn des Unternehmens zur tatsächlichen Tätigung einer disquotalen Gewinnausschüttung vorhanden ist.[360] Eine unsichere Ertragsentwicklung der jeweiligen Segmente kann zudem die Nutzbarkeit der Tracking Stocks im Rahmen der Steuergestaltung einschränken, da die Höhe der disquotalen Gewinnausschüttungen somit ungewiss wird. Der Einsatz von Tracking Stocks eignet sich folglich insbesondere bei Segmenten mit stetigen und planbaren Ertragsaussichten.[361]

---

[356] Vgl. Erhart, G., Riedel, H. (2008), S. 2272.

[357] Vgl. Winkels, G. (2013), S. 134 f.

[358] Vgl. Winkels, G. (2014), S. 132.

[359] Vgl. BFH (1997b), S. 835; Winkels, G. (2014), S. 132.

[360] Vgl. Kamchen, S., Kling, J. (2015), S. 824.

[361] Vgl. Erhart, G., Riedel, H. (2008), S. 2271.

2.7.5 Carried Interest

Disquotale Gewinnverteilungen werden in Private Equity- sowie Venture Capital-Fonds in Form eines sogenannten Carried Interest zur Vergütung der Initiatoren genutzt. Hierbei erhalten die Initiatoren eines Investmentfonds, welcher meist in der Rechtsform einer Personengesellschaft betrieben wird, als Gegenleistung für ihr eingebrachtes Know-how einen Gewinnanteil, der nicht ihrer kapitalmäßigen Beteiligung an der Gesellschaft entspricht.[362] In der Regel sind die Initiatoren an der Gesellschaft mittelbar über eine transparente Personengesellschaft beteiligt.[363] Die Initiatoren erarbeiten die Konzeption des Fonds, verwalten die laufenden Angelegenheiten und akquirieren Investoren. Einen Carried Interest erhalten die Initiatoren im Regelfall lediglich, wenn die Investoren eine Vorzugsrendite in Höhe von ca. 8 – 10 % zurück erhalten. Der darüber hinaus erzielte Gewinn wird meist disquotal in Höhe von 20 % an die Initiatoren verteilt. Die Verteilung der verbleibenden 80 % der Gewinne erfolgt beteiligungsquotal.[364]

Einkünfte in Form eines Carried Interest aus einer vermögensverwaltenden Gesellschaft stellen beim Initiator gemäß § 18 Abs. 1 Nr. 4 EStG Einkünfte aus selbstständiger Tätigkeit dar. Von der Regelung des § 18 Abs. 1 Nr. 4 EStG wird lediglich der überquotale Anteil des Gewinns umfasst, da lediglich dieser eine Vergütung für die Förderung des Gesellschaftszwecks darstellt. Der beteiligungsquotale Anteil fällt nicht unter die Gesetzesnorm.[365] Neben Dividenden und Zinsen werden auch Veräußerungsgewinne von § 18 Abs. 1 Nr. 4 EStG erfasst.[366] Nicht umfasst werden Einkünfte aus originär gewerblichen, gewerblich geprägten oder infolge einer Abfärbung gewerbliche Einkünfte erzielenden Gesellschaften.[367] In diesen Fällen ist der Carried Interest als originärer Gewinnanteil einzustufen und nach dem Teileinkünfteverfahren zu besteuern.[368] Gemäß § 3 Nr. 40a EStG sind 40 % der Einkünfte in Form des Carried Interest steuerfrei.[369]

---

[362] Vgl. Baumgartner, R. (2021), S. 1858.

[363] Vgl. Sanning, D., Dickersbach, W. (2024), S. 729.

[364] Vgl. Baumgartner, R. (2021), S. 1858 f.

[365] Vgl. BFH (2020b), Rn. 36; Valta, M. (2024), § 18 Rn. 198.

[366] Vgl. Friederichs, K., Köhler, S. (2004), S. 1639.

[367] Vgl. BFH (2018), Rn. 43 ff.

[368] Vgl. BFH (2018), Rn. 59.

[369] Vgl. Nacke, A. (2024), § 3 Rn. 386.

Es besteht Uneinigkeit darüber, ob der Carried Interest einen Gewinnanteil oder eine Tätigkeitsvergütung darstellt.[370] Die Rechtsfrage, ob der Carried Interest aus einer vermögensverwaltenden Gesellschaft als Tätigkeitsvergütung oder als Gewinnanteil einzuordnen ist, hatte das FG München im Jahr 2020 zu beurteilen.[371] Die Finanzverwaltung vertrat unter Bezugnahme auf das BMF-Schreiben v. 16.12.2003[372] die Auffassung, der Carried Interest stelle eine Tätigkeitsvergütung dar, welche in Form eines abgekürzten Zahlungsweges an die Initiatoren geleistet wurde und zu abziehbarem Aufwand bei den Investoren führt.[373] Im Ergebnis seien die Einkünfte der Investoren um den Carried Interest zu erhöhen und dieser als Werbungskosten bzw. Betriebsausgabe bei den Investoren anzusetzen. Dies würde insbesondere bei Privatpersonen zu begrenzt abziehbaren Werbungskosten durch § 20 Abs. 9 EStG führen.[374] Das FG München behandelte den Carried Interest entgegen der Auffassung der Finanzverwaltung als disquotalen Gewinnanteil. Dieser stellt folglich eine Gegenleistung für die Erbringung eines Gesellschafterbeitrages dar, welche lediglich bei Erzielung eines Gewinns erbracht wird. Gesellschafterbeiträge werden in der Regel durch einen Anteil am Gewinn abgegolten.[375] Der BFH als Revisionsinstanz weist diesbezüglich darauf hin, dass eine Tätigkeitsvergütung lediglich anzunehmen sei, sofern diese handelsrechtlich einen Aufwand darstelle und diese auch bei einer fehlenden Gewinnerzielung auszuzahlen sei.[376] Da dies den grundsätzlichen Voraussetzungen der Finanzverwaltung für die Einstufung als Tätigkeitsvergütung entspricht[377], stößt die abweichende Auffassung der Finanzverwaltung bezüglich des Carried Interest in der Literatur auf Kritik.[378] Eine Einordnung des Carried Interest als Tätigkeitsvergütung erfolgt zudem nicht aufgrund von § 18 Abs. 1 Nr. 4 EStG. Stattdessen handelt es sich um einen Gewinnanteil, der auf Gesellschafterebene von Einkünften nach § 20 EStG zu Einkünften aus selbstständiger Tätigkeit umqualifiziert wird. Eine Einstufung als Tätigkeitsvergütung auf Gesellschaftsebene ergibt sich folglich nicht.[379]

---

[370] Vgl. Töben, T., Schrepp, C. (2019), S. 527.

[371] Vgl. FG München (2020), S. 755.

[372] Vgl. BMF (2003b), S. 40.

[373] Vgl. FG München (2020), Rn. 14.

[374] Vgl. Baumgartner, R. (2021), S. 1860.

[375] Vgl. FG München (2020), Rn. 39.

[376] Vgl. BFH (2024b), Rn. 47.

[377] Vgl. H 15.8 Abs. 3 EStR.

[378] Vgl. Sanning, D., Dickersbach, W. (2024), S. 731.

[379] Vgl. BFH (2024b), Rn. 54; Valta, M. (2024), § 18 Rn. 196.

Der Rechtsprechung des FG München und des BFH folgend, stellt der Carried Interest einen disquotal verteilten Gewinnanteil der Initiatoren dar. Er kann folglich genutzt werden, um diese in Abhängigkeit des wirtschaftlichen Erfolges zu vergüten. Die Auffassung der Finanzverwaltung, wonach die Leistung der Initiatoren mittels einer Tätigkeitsvergütung entlohnt wird, welche die Investoren im Wege eines abgekürzten Zahlungsweges erbringen, ist folglich abzulehnen. Gleichwohl verweist der BFH auf die erforderliche zivilrechtlich wirksame Vereinbarung der Gewinnverteilungsabrede, welche für eine steuerliche Anerkennung darüber hinaus im Gesellschaftsverhältnis beruhen und einem Fremdvergleich standhalten muss.[380]

Die Einführung des § 18 Abs. 1 Nr. 4 EStG erfolgte zur Gewährleistung der Steuerpflicht des Carried Interest.[381] Eine Veräußerung der Anteile an einer vermögensverwaltenden Personengesellschaft unterlag nach dem Rechtsstand vor Einführung der Norm keiner Besteuerung, sofern die Beteiligungsgrenze nach § 17 EStG in Höhe von 1 % nicht erreicht und die Haltedauer nach § 23 EStG überschritten wurde.[382] Eine inländische Steuerpflicht sollte durch die Gesetzesnorm zudem für die Konstellationen sichergestellt werden, in denen ausländische Initiatoren an einer inländischen Personengesellschaft beteiligt sind. Eine Besteuerung kann durch die nationale Einordnung als Einkünfte aus selbstständiger Tätigkeit nach Art. 7 OECD-MA im Inland stattfinden, sofern eine feste Einrichtung oder Betriebsstätte vorhanden ist.[383] Die Besteuerung des Carried Interest als Einkünfte aus selbstständiger Tätigkeit hätte gleichwohl den deutschen Wirtschaftsstandort im internationalen Wettbewerb um die Bereitstellung von Wagniskapital unattraktiver für Investoren gemacht. Um einer möglichen Abkehr von Kapitalgebern entgegenzuwirken und die Steuerbelastung an diejenige von Kapitaleinkünften anzunähern, erfolgte gleichzeitig die Einführung des § 3 Nr. 40a EStG und folglich die Anwendung des Teileinkünfteverfahrens auf den Carried Interest.[384] Im Ergebnis erfolgte die Einführung des § 18 Abs. 1 Nr. 4 EStG zunächst zur Sicherstellung einer Besteuerung des Carried Interest dem Grunde nach. Gleichwohl kann infolge der Umqualifizierung in Einkünfte aus selbstständiger Tätigkeit in Verbindung mit § 3 Nr. 40a EStG das

---

[380] Vgl. BFH (2024b), Rn. 49 f.

[381] Vgl. BT-Drs. 15/3336, S. 7.

[382] Vgl. Burwitz, G. (2024), Rn. 6. Eine Steuerbarkeit der Anteilsveräußerung nach § 20 Abs. 2 Nr. 1 EStG, unabhängig von der Beteiligungsquote nach § 17 EStG, wurde erst durch das UntStRefG v. 14.08.2007 eingeführt, vgl. Sanning, D., Dickersbach, W. (2024), S. 730.

[383] Vgl. Friederichs, K., Köhler, S. (2004), S. 1639.

[384] Vgl. Baumgartner, R. (2021), S. 1859.

Teileinkünfteverfahren angewendet und somit die Aufbringung von Wagniskapital begünstigt werden.[385]

2.7.6 Gespaltene Gewinnausschüttungen

Eine disquotale Gewinnausschüttung kann basierend auf einem vereinbarten Gewinnverwendungsbeschluss derart ausgestaltet werden, dass bestimmte Gesellschafter eine Ausschüttung ihres Gewinnanteils erhalten, andere Gesellschafter hingegen ihren Gewinn thesaurieren und diesen in eine personenbezogene Rücklage einstellen. Bei dieser Gestaltungsform liegt eine gespaltenen Gewinnausschüttungen vor.[386] Im Rahmen der gespaltenen Gewinnausschüttung erfolgt keine disquotale Gewinnbeteiligung über die Totalperiode der Gesellschaft hinweg, da die personenbezogenen Rücklagekonten spätestens bei Liquidation der Gesellschaft wieder aufgelöst werden. Es findet demnach keine disquotale Gewinnverteilung statt, hingegen wird das Unternehmensergebnis aufgrund einer unterschiedlichen Gewinnverwendung disquotal ausgeschüttet. Die Gewinnausschüttung wird im Ergebnis zwischen den Gesellschaftern lediglich zeitverschoben durchgeführt.[387]

Derartige Rücklagekonten stellen bei Kapitalgesellschaften Unterkonten der Gewinnrücklagen dar.[388] Da es sich um Eigenkapital der Gesellschaft und somit nicht um eine Verbindlichkeit gegenüber dem Gesellschafter handelt, kann der Gesellschafter erst bei Liquidation der Gesellschaft oder Auflösung der Rücklagen über diese verfügen.[389] Wird die Gewinnrücklage nicht dem betreffenden Gesellschafter zugeordnet, sondern gesellschaftsbezogen gebildet, steht das infolge der Auflösung der Rücklage freiwerdende Kapital sämtlichen Gesellschaftern entsprechend ihrer Beteiligungsquote zu. Folglich profitieren nicht nur der Thesaurierende, sondern sämtliche Gesellschafter, von der gebildeten Rücklage, unabhängig davon, ob bzw. wie viel die Gesellschafter in die Rücklage eingestellt haben.[390] Soll die infolge des Verzichts auf die Gewinnauszahlung gebildete

---

[385] Vgl. Baumgartner, R. (2021), S. 1859.

[386] Vgl. Klaus, A., Manthey, J. (2023), S. 559.

[387] Vgl. Hermes, L. (2020), S. 1302.

[388] Vgl. Klaus, A., Manthey, J. (2023), S. 559.

[389] Vgl. Schwandtner, C. (2006), S. 209.

[390] Vgl. Koehler, C. (2019), S. 1044.

Rücklage lediglich an den verzichtenden Gesellschafter ausgezahlt werden, bedarf es diesbezüglich erneut einer disquotalen Gewinnausschüttung.[391]

Das Instrument der gespaltenen Gewinnausschüttung kann insbesondere im Rahmen der vorweggenommenen Erbfolge verwendet werden. Indem die auf minderjährige Kinder entfallende Gewinnausschüttung in die gesellschaftsbezogene Rücklage eingestellt wird, kann der Zuflusszeitpunkt auf Gesellschafterebene bewusst gesteuert werden. Bei Erreichen eines festgelegten Alters erfolgt die disquotale Ausschüttung der thesaurierten Gewinnanteile.[392]

Gespaltene Gewinnausschüttungen sind nach der Rechtsprechung des BFH auch steuerlich anzuerkennen.[393] Durch die Einstellung in eine gesellschafterbezogene Rücklage fließen dem Gesellschafter keine Einkünfte aus Kapitalvermögen i. S. d. §§ 20 Abs. 1 Nr. 1 S. 1 i. V. m. 11 Abs. 1 S. 1 EStG zu.[394] Das FG Niedersachsen als Vor-instanz sah im zugrundeliegenden Sachverhalt einen Zufluss als gegeben an, da es sich um einen beherrschenden Gesellschafter handelte.[395] Der BFH widersprach dieser Auffassung, wonach selbst bei einem beherrschenden Gesellschafter kein Zufluss bei Einstellung in die Rücklagen vorliegt.[396] In seiner Entscheidung forderte der BFH lediglich einen zivilrechtlich wirksamen Beschluss über die Einstellung in die personenbezogene Rücklage.[397] Durch das Urteil wird die Bedeutsamkeit der Unterscheidung zwischen Gewinnverwendung und -verteilung aufgegriffen und vom BFH bestätigt, dass zivilrechtlich wirksam vereinbarte gespaltene Gewinnverwendungen ebenso steuerlich anzuerkennen sind, wie disquotale Gewinnverteilungen.[398] In Bezug auf die Prüfung des § 42 AO kann u. a. die Innenfinanzierung der Gesellschaft durch die Gewinnthesaurierung einen beachtlichen außersteuerlichen Grund für die disquotale Gewinnausschüttung darstellen. Ein Anzeichen für eine unangemessene Gestaltung könnte bei der gespaltenen Gewinnausschüttung lediglich

---

391 Vgl. Klaus, A., Manthey, J. (2023), S. 559.

392 Vgl. Klaus, A., Manthey, J. (2024), S. 10.

393 Vgl. BFH (2021), S. 140. Das Urteil wird auch vom BMF anerkannt, vgl. BMF (2024), Rn. 6 f.

394 Vgl. BFH (2021), Rn. 17.

395 Vgl. FG NI (2019), Rn. 26 ff.

396 Vgl. BFH (2021), Rn. 20.

397 Vgl. BFH (2021), Rn. 15.

398 Vgl. Lauer, P., Dürr, J. (2022), S. 138.

vorliegen, wenn diese kurzzeitig oder wiederholt geändert wird.[399] Zur Beurteilung bedarf es auch bei der gespaltenen Gewinnausschüttung einer Würdigung des entsprechenden Einzelfalls.[400]

Für Zwecke der Besteuerung mit Erbschaft- und Schenkungsteuer ist bei gespaltenen Gewinnausschüttungen zu unterscheiden, ob das bebuchte Rücklagenkonto personen- oder gesellschaftsbezogen ausgestaltet ist. Handelt es sich um ein gesellschafterbezogenes Rücklagenkonto, kann der Tatbestand einer freigebigen Zuwendung i. S. d. § 7 Abs. 1 Nr. 1 ErbStG nicht erfüllt sein, da der Gewinnanspruch nach wie vor dem betroffenen Gesellschafter zuzuordnen ist und dieser die Gewinnausschüttung lediglich nachgelagert erhält.[401] Erfolgt die Erfassung hingegen auf einem gesellschaftsbezogenen Gewinnrücklagenkonto, welches bei Auflösung beteiligungsquotal verteilt wird, kann eine freigebige Zuwendung vorliegen, sofern keine wirtschaftlichen Gründe für die disquotale Gewinnausschüttung gegeben sind.[402]

Obwohl die gespaltene Gewinnausschüttung lediglich zu einer zeitlichen Verlagerung der Gewinnausschüttung führt, kann diese basierend auf der Kapitalbindung in der Gesellschaft zu einem Zinseffekt führen, welcher sämtlichen Gesellschaftern zugutekommt.[403] Anhand des nachfolgenden Musterfalls wird dieser Effekt aufgezeigt.

Die Anteilseigner der X-GmbH sind die natürlichen Personen A und B. Während Gesellschafter A zu 40 % an der Gesellschaft beteiligt ist, hält Gesellschafter B 60 % der Anteile an der X-GmbH. Zur Innenfinanzierung der X-GmbH beschließen die Gesellschafter eine gespaltene Gewinnausschüttung, wonach der Gewinnanteil des Gesellschafters B in voller Höhe thesauriert und in eine personenbezogene Gewinnrücklage eingestellt wird. Da A auf die Gewinnausschüttung angewiesen ist, erhält er seinen Gewinnanteil vollständig ausgeschüttet. Zum 31.12.06 tritt B als Gesellschafter der X-GmbH aus. Die Kapitalrücklage wird zum 31.12.06 folglich vollständig aufgelöst und zugunsten des B disquotal ausgeschüttet. Die Gewinnentwicklung der X-GmbH kann der nachfolgenden Übersicht entnommen werden (Tabelle 2.4).

---

[399] Vgl. Hermes, L. (2020), S. 1310.

[400] Vgl. BFH (2012), S. 1330; Hermes, L. (2020), S. 1310.

[401] Vgl. Klaus, A., Manthey, J. (2024), S. 14.

[402] Vgl. Klaus, A., Manthey, J. (2024), S. 14 f.

[403] Vgl. Hermes, L. (2020), S. 1302 f.

Tabelle 2.4 Gespaltene GA – Gewinnentwicklung im Musterfall

Jahr t	Gewinn X-GmbH [EUR]	Gewinnanteil B [EUR]
01	300.000	180.000
02	260.000	156.000
03	75.000	45.000
04	−100.000	−60.000
05	50.000	30.000
Summe	**585.000**	**351.000**

Aufgrund der Einstellung in eine personenbezogene Rücklage erhalten beide Gesellschafter in der Totalperiode der Gesellschaft eine Gewinnausschüttung entsprechend ihren Beteiligungsverhältnissen. Durch die Thesaurierung des Gewinnanteils entsteht auf Ebene der X-GmbH ein Zinsvorteil durch die Innenfinanzierung, welcher beiden Gesellschaftern grundsätzlich entsprechend ihren Beteiligungsverhältnissen zugutekommt. Alternativ könnte sich B seinen Gewinnanteil auszahlen lassen und daraufhin der Gesellschaft ein verzinsliches Darlehen in entsprechender Höhe gewähren. An dieser Verzinsung fehlt es durch die gespaltene Gewinnausschüttung. In diesem Fall wäre jedoch gemäß § 43 Abs. 1 S. 1 Nr. 1 EStG Kapitalertragsteuer auf die Gewinnausschüttung abzuführen, welche einen Liquidationsabfluss und folglich eine Minderung des aus den Gewinnanteilen finanzierten Darlehens zur Folge hätte. Im Folgenden wird von einem Zinssatz i. H. v. 5 % sowie einem pauschalen Steuersatz i. H. v. 30 % ausgegangen. Der Nachsteuerzinssatz beträgt 3,5 %.[404] Die Gewinnverwendung und die damit verbundene Einstellung in die Rücklage erfolgen stets zum 01.01. des Folgejahres der Gewinnerzielung. Da der Gesellschafter B zum Ende des Jahres 06 aus der Gesellschaft austritt, erfolgt keine Einstellung des Gewinnanteils dieser Periode in die Rücklage. Die Gewinnrücklage wird zum 31.12.06 aufgelöst und der darin thesaurierte Gewinn an B ausgeschüttet. Es ergibt sich durch die gespaltene Gewinnausschüttung der nachfolgende Zinsvorteil (Tabelle 2.5).

---

[404] 5 % x (1 – 30 %) = 3,5 %.

Tabelle 2.5 Gespaltene GA – Fiktiver Zinsvorteil durch Gewinnthesaurierung

Jahr t [EUR]	**01**	**02**	**03**	**04**	**05**	**06**
Einstellung GRL 01.01.	0	180.000	156.000	45.000	−60.000	30.000
Stand GRL 31.12.	0	180.000	336.000	381.000	321.000	351.000
Auflösung GRL						−351.000
fiktive Verzinsung	0	6.300	11.760	13.335	11.235	12.285
Diskontierungsfaktor	0,9662	0,9335	0,9019	0,8714	0,8420	0,8135
Barwert Zinsvorteil	0	5.881	10.607	11.621	9.460	9.994
Zinsvorteil in t_0	**47.562**					
davon Anteil A [40 %]	19.025					
davon Anteil B [60 %]	28.537					

Die fiktive Verzinsung der Kapitalrücklage i. H. v. 3,5 % p. a. führt zu einem Barwert des Zinsvorteils zum 01.01.01 i. H. v. EUR 47.562. Dieser Vorteil kommt auch dem Gesellschafter A entsprechend seiner Beteiligungsquote von 40 % i. H. v. EUR 19.025 zugute. Obwohl der Gesellschafter B seinen quotalen Gewinnanteil der Jahre 01 – 05 zum 31.12.06 in voller Höhe ausgeschüttet bekommt, profitiert auch der Gesellschafter A von dem Zinseffekt durch die gespaltene Gewinnausschüttung.

3 Disquotale Einlagen

3.1 Grundlagen der Einlagen

Für steuerliche Zwecke besteht eine eigenständige Definition der Einlage, welche über den handelsrechtlichen Terminus hinausgeht und vorrangig zu beachten ist.[1] Ist handelsrechtlich eine Einlage gegeben, liegt auch steuerrechtlich eine solche vor.[2] Unter den Begriff der Einlage werden im Steuerrecht gemäß § 4 Abs. 1 S. 8 EStG alle Wirtschaftsgüter, namentlich Bareinzahlungen und sonstige Wirtschaftsgüter, subsumiert, die der Steuerpflichtige seinem Betrieb im Laufe eines Wirtschaftsjahres zugeführt hat. Eine Einlage kann sowohl offen, im Rahmen der gesellschaftsrechtlichen Vorgaben, oder verdeckt, außerhalb der gesellschaftsrechtlichen Vorschriften, erfolgen.[3] Gegenstand einer Einlage kann grundsätzlich jedes Wirtschaftsgut sein, unabhängig davon, ob dieses abnutzbar oder nicht abnutzbar sowie materiell oder immateriell ist. Es ist zudem irrelevant, ob eine Zuordnung zum Anlage- oder Umlaufvermögen erfolgt.[4] Entscheidend ist, dass der Gegenstand der Einlage bilanzierungsfähig ist.[5] Nutzungen oder Leistungen stellen keine Einlage dar, gleichwohl können sie als Betriebsausgaben abgezogen werden.[6] Eine Einlagefähigkeit besteht, wenn das Wirtschaftsgut entweder als notwendiges Betriebsvermögen zu qualifizieren ist

[1] Vgl. BFH (2014a), Rn. 24; Roser, F. (2020), § 8 Rn. 89.

[2] Vgl. BFH (2005b), S. 809; Roser, F. (2020), § 8 Rn. 89; a. A. FG NI (2009), S. 248.

[3] Vgl. Hallerbach, D. (2024), § 4 Rn. 282.

[4] Vgl. R 4.1 Abs. 1 S. 1 EStR.

[5] Vgl. BFH (1987), S. 351; Scheffler, W. (2018), Rn. 594.

[6] Vgl. Scheffler, W. (2018), Rn. 595.

L. Hierath, *Disquotale Gewinnausschüttungen und Einlagen*, BestMasters,
https://doi.org/10.1007/978-3-658-49849-8_3

oder die Möglichkeit des Ansatzes als gewillkürtes Betriebsvermögen vorliegt.[7] Zudem ist das Wirtschaftsgut infolge einer ausdrücklichen oder zumindest schlüssigen Einlagehandlung dem Betrieb zuzuführen und dort für betriebliche Zwecke zu verwenden.[8] Die Bewertung von Sacheinlagen erfolgt grundsätzlich gemäß § 6 Abs. 1 Nr. 5 S. 1 Hs. 1 EStG mit dem Teilwert im Einlagezeitpunkt. Zur Vermeidung von Steuerumgehungen werden indes für Wirtschaftsgüter gemäß § 6 Abs. 1 Nr. 5 S. 1 Hs. 2 EStG die Anschaffungs- oder Herstellungskosten als Bewertungsobergrenze festgelegt.[9]

3.1.1 Kapitalkonten und Einlagen in eine Personengesellschaft

Bei den Gesellschaftern einer Personengesellschaft erfolgt in der Regel eine Unterteilung der Kapitalkonten in Festkapital und variables Kapital.[10] Aus dem Festkapital ergeben sich die Gesellschaftsrechte der Gesellschafter, wie die Gewinnbeteiligung sowie Stimmrechte. Durch das variable Kapital werden Veränderungen des Eigenkapitals abgebildet, welche sich aus dem Erfolg der Gesellschaft sowie privat veranlassten Vorgängen ergeben.[11] Überlässt ein Mitunternehmer einer Personengesellschaft Kapital, ist eine Unterscheidung zwischen der Einordnung als Eigen- oder Fremdkapital essentiell.[12] Für die Einstufung als Eigenkapital ist nach der Rechtsprechung des BFH erforderlich, dass die Verbuchung auf einem Kapitalkonto erfolgt, gegen welches laufende Verluste gebucht werden oder zumindest eine Verlustverrechnung im Austritts- oder Liquidationsfall erfolgt.[13] Die Entscheidung des BFH beruht auf der Rechtsprechung des BGH.[14] Wird die Kapitalüberlassung als Fremdkapital eingestuft und diese verzinst, werden die Darlehenszinsen gewinnmindernd bei der Personengesellschaft berücksichtigt. Erst auf der zweiten Stufe der Gewinnermittlung erfolgt

---

[7] Vgl. Scheffler, W. (2018), Rn. 596.

[8] Vgl. Scheffler, W. (2018), Rn. 597 f.

[9] Vgl. Weitemeyer, B., Maciejewski, T. (2021), Rn. 265 ff.

[10] Vgl. Scheffler, W. (2018), Rn. 572.

[11] Vgl. Scheffler, W. (2018), Rn. 572.

[12] Vgl. Eggert, W. (2016), S. 830 ff.

[13] Vgl. BFH (2008b), S. 812.

[14] Vgl. BGH (1988), S. 1841 f.; Ley, U. (2014), Rn. 6.

die Berücksichtigung des Darlehens als Sonderbetriebsvermögen. Die Gewährung von Fremdkapitalzinsen erfolgt indes niemals im Rahmen der Gewinnverteilung, da die Kapitalüberlassung durch den gewinnmindernden Zins vergütet wird.[15]

Der Kapitalanteil eines Gesellschafters ist für dessen Gesellschaftsrechte sowie als Maßstab der Gewinnverteilung maßgeblich.[16] Nach den dispositiven Regelungen des § 120 Abs. 2 HGB wird für jeden Gesellschafter der Kapitalanteil auf lediglich einem variablen Kapitalkonto ausgewiesen, auf dem neben Einlagen und Entnahmen auch Gewinne und Verluste verbucht werden.[17] In der Praxis wird meist durch den Gesellschaftsvertrag abweichend geregelt, dass auf dem sogenannten Kapitalkonto I das Festkapital zu verbuchen ist, wonach die Ergebnis- und Stimmrechtsverteilung bestimmt wird. Auf einem oder mehreren variablen Konten erfolgt daraufhin die Verbuchung von Gewinnen und Verlusten sowie Einlagen und Entnahmen.[18] Der Grund für die Nutzung mehrerer Kapitalkonten liegt vor allem darin, dass sich dadurch die Stimm- und Vermögensrechte der Gesellschafter nicht ohne weiteres verändern.[19] Im Rahmen eines Zweikontenmodells ist das Kapital des Kapitalkontos I zum einen nicht entnahmefähig, zum anderen wird das Konto bei Ausscheiden des Gesellschafters oder bei Liquidation mit dem Kapitalkonto II verrechnet, sodass es folglich als Eigenkapitalkonto einzuordnen ist.[20] Die Erhöhung oder Herabsetzung des festen Kapitalanteils erfordert die Änderung des Gesellschaftsvertrages oder einen zulässigen Mehrheitsbeschluss.[21]

Die handelsbilanziellen Regelungen zu den Kapitalkonten finden über das Maßgeblichkeitsprinzip nach § 5 Abs. 1 EStG auch Anwendung für die Steuerbilanz.[22] Die Abgrenzung der Kapitalkonten hat u. a. Auswirkungen darauf, ob eine Einbringung gegen Gesellschaftsrechte, und somit ein tauschähnlicher Vorgang, oder eine Einlage gegeben ist.[23] Der Ansatz eines Wirtschaftsgutes, welches aus dem Privatvermögen gegen Gewährung von Gesellschaftsrechten in eine Personengesellschaft eingebracht wird, erfolgt gemäß § 6 Abs. 6 S. 1 EStG

---

[15] Vgl. Eggert, W. (2016), S. 835 f.
[16] Vgl. Priester, H. (2022a), § 120 Rn. 87 f.
[17] Vgl. Priester, H. (2022a), § 120 Rn. 97.
[18] Vgl. Cremer, U. (2024), Abs. 4.1.5.
[19] Vgl. BGH (1972), S. 1756; Lieder, J. (2024a), § 120 Rn. 65.
[20] Vgl. Huber, U. (1988), S. 51.
[21] Vgl. Lieder, J. (2024a), § 120 Rn. 66.
[22] Vgl. Ley, U. (2014), Rn. 82.
[23] Vgl. Kahle, H., Hiller, M. (2020), Rn. 33 ff.

zum gemeinen Wert.[24] Auf Ebene des Gesellschafters findet folglich eine Veräußerung statt, auf Ebene der Personengesellschaft handelt es sich nicht um eine Einlage.[25] Erfolgt die Gegenbuchung auf dem Kapitalkonto I ist von einer Einbringung gegen Gesellschaftsrechte auszugehen.[26] Das BMF folgte dieser Auffassung ebenfalls für Gegenbuchungen auf dem Kapitalkonto II, da dieses grundsätzlich als Unterkonto des einheitlichen Kapitalkontos anzusehen sei.[27] Diese Ansicht versagte der BFH, sofern sich aus dem Gesellschaftsvertrag ergebe, dass die Gesellschaftsrechte ausschließlich aus dem Kapitalkonto I hervorgehen, wonach der Vorgang als Einlage anzusehen ist.[28] Die Finanzverwaltung folgt mittlerweile dieser Rechtsauffassung des BFH.[29] Überführt der Gesellschafter hingegen ein Wirtschaftsgut aus dem Betriebsvermögen in das Betriebsvermögen seiner Mitunternehmerschaft und erfolgt dies unentgeltlich oder gegen Gewährung von Gesellschaftsrechten, ist gemäß § 6 Abs. 5 S. 3 EStG der Buchwert fortzuführen, sodass keine Aufdeckung der stillen Reserven erfolgt. Die führt zu einer unterschiedlichen Behandlung der Einbringung von Wirtschaftsgütern aus dem Privat- sowie aus dem Betriebsvermögen.[30]

3.1.2 Steuerliches Einlagekonto nach § 27 KStG

Nach der handelsbilanziellen Vorschrift des § 266 Abs. 3 HGB wird das Eigenkapital einer Kapitalgesellschaft in die Bilanzpositionen gezeichnetes Kapital, Kapitalrücklagen, Gewinnrücklagen, Gewinn-/Verlustvortrag sowie den Jahresüberschuss/Jahresfehlbetrag aufgeteilt.[31] Das gezeichnete Kapital umfasst die in der Satzung oder im Gesellschaftsvertrag vorgeschriebenen Kapitalbeträge, welche die Anteilseigner durch Einlage in das Gesellschaftsvermögen aufzubringen haben. Hierin berücksichtigt werden die Einlagen bei Gründung sowie

---

[24] Vgl. BFH (1998), S. 230 f.

[25] Vgl. Krumm, M. (2024), § 6 Rn. 1973.

[26] Vgl. Kahle, H., Hiller, M. (2020), Rn. 34.

[27] Vgl. BMF (2011a), S. 713.

[28] Vgl. BFH (2015), S. 593, BFH (2016), S. 608.

[29] Vgl. BMF (2016), S. 684.

[30] Vgl. Krumm, M. (2024), § 6 Rn. 1974 f.

[31] Vgl. OFD Frankfurt/M. (2014), S. 903.

infolge einer Kapitalerhöhung.[32] Werden der Kapitalgesellschaft darüber hinaus zusätzliche Mittel zugeführt, werden diese in den Kapitalrücklagen abgebildet.[33]

Die Erbringung von Einlagen in eine Kapitalgesellschaft, welche nicht auf das Nennkapital geleistet werden, wird auf dem steuerlichen Einlagekonto nach § 27 KStG erfasst. Dies hat insbesondere für die Rückgewähr von Einlagen Relevanz, da diese, in Abgrenzung zur laufenden Gewinnausschüttung, beim Empfänger keine steuerpflichtige Einnahme darstellen.[34] Die Führung des steuerlichen Einlagekontos erfolgt außerhalb der Bilanz und ausschließlich für steuerliche Zwecke.[35] Umfasst werden neben den offenen auch die verdeckten Einlagen.[36] Neben der Einlage materieller oder immaterieller Wirtschaftsgüter erhöhen beispielsweise das Agio bei Ausgabe neuer Anteile, die Zuzahlung bei der Gewährung von Vorzugsaktien nach § 272 Abs. 2 Nr. 3 HGB sowie die Rückzahlung von verdeckten Gewinnausschüttungen das steuerliche Einlagekonto.[37] Die Berücksichtigung im steuerlichen Einlagekonto bedarf einer tatsächlichen Leistung der Einlage mit entsprechendem Zufluss bei der Kapitalgesellschaft.[38] Erforderlich ist, dass eine Qualifikation des Vorgangs als Einlage aus steuerlicher Sicht erfolgt. Eine korrespondierende Einordnung im Handelsrecht ist nicht notwendig.[39] Demnach kann das steuerliche Einlagekonto betragsmäßig deckungsgleich mit der Kapitalrücklage übereinstimmen. Zwingend ist dies allerdings nicht, da im Handelsrecht sowohl eine erfolgsneutrale Erfassung der Einlage in der Kapitalrücklage gemäß § 272 Abs. 2 Nr. 4 HGB als auch eine erfolgswirksame Verbuchung möglich sind.[40] Im Falle einer erfolgswirksamen Erfassung der Einlage in der Handelsbilanz, darf sich dies steuerlich gemäß § 4 Abs. 1 S. 1 EStG sowie § 8 Abs. 3 S. 3 KStG nicht gewinnerhöhend auswirken.[41] Der Bestand des steuerlichen Einlagekontos wird gemäß § 27 Abs. 2 S. 1 KStG gesondert festgestellt.

---

[32] Vgl. Marx, F., Dallmann, H. (2024), § 266 Rn. 142 ff.

[33] Vgl. Marx, F., Dallmann, H. (2024), § 266 Rn. 146.

[34] Vgl. BFH (2009a), S. 161; BMF (2003a), Rn. 1; Weitemeyer, B., Maciejewski, T. (2021), Rn. 1108.

[35] Vgl. OFD Frankfurt/M. (2014), S. 903.

[36] Vgl. OFD Frankfurt/M. (2014), S. 903.

[37] Vgl. Ott, H. (2022), S. 10.

[38] Vgl. Bauschatz, P. (2020), § 27 Rn. 35.

[39] Vgl. Bertram, I. (2017), S. 151.

[40] Vgl. Ott, H. (2022), S. 11.

[41] Vgl. Friz, F., Grünwald, K. (2012), S. 914.

Erbringt die Kapitalgesellschaft Leistungen, welche den auf den Schluss des vorangegangenen Wirtschaftsjahres ermittelten ausschüttbaren Gewinn übersteigen, liegt gemäß § 27 Abs. 1 S. 3 KStG eine Einlagenrückgewähr vor, welche das steuerliche Einlagekonto mindert.[42] Als ausschüttbarer Gewinn gilt gemäß § 27 Abs. 1 S. 5 KStG das in der Steuerbilanz ausgewiesene Eigenkapital abzüglich des gezeichneten Kapitals sowie des steuerlichen Einlagekontos. Die Verwendung des steuerlichen Einlagekontos ist von der Kapitalgesellschaft gemäß § 27 Abs. 3 S. 1 KStG zu bescheinigen. Erfolgt dies nicht bis zum Tag der Bekanntgabe der erstmaligen Feststellung, greift die Fiktion des § 27 Abs. 5 S. 2 KStG wonach die Einlagenrückgewähr in Höhe von EUR 0 als bescheinigt gilt. Diese Verwendungsfiktion kann insbesondere bei nicht erkannten verdeckten Gewinnausschüttungen problematisch sein.[43] Nach der Rechtsprechung des BFH greift die Fiktion bereits im Ausschüttungszeitpunkt, sodass die Kapitalertragsteuer sowie die zugehörigen Pflichten auch in diesem Zeitpunkt entstehen.[44]

Die Führung des steuerlichen Einlagekontos erfolgt in Bezug auf die Kapitalgesellschaft und somit nicht gesellschafterbezogen.[45] Somit können Konstellationen auftreten, in denen Einlagen durch einen Gesellschafter erfolgen, die Rückzahlungen jedoch einem anderen Gesellschafter zufließen.[46] Bei Verwendung von Teilen des steuerlichen Einlagekontos erfolgt eine quotale Zuordnung anhand der Beteiligungsverhältnisse auf die Gesellschafter.[47] Eine personenbezogene Rückgewähr an ausgewählte Anteilseigner kann indes im Rahmen einer disquotalen Gewinnausschüttung erfolgen.[48]

[42] Vgl. BMF (2003a), Rn. 9.

[43] Vgl. Schiffers, J. (2023), S. 258.

[44] Vgl. BFH (2022a), S. 643.

[45] Vgl. Oellerich, I. (2024), § 27 Rn. 16a.

[46] Vgl. Oellerich, I. (2024), § 27 Rn. 16a.

[47] Vgl. Oellerich, I. (2024), § 27 Rn. 16b.

[48] Vgl. Kluth, J. (2024), § 27 Rn. 14; Ott, H. (2017), S. 1508.

3.2 Zivil- und steuerrechtliche Anerkennung disquotaler Einlagen

In der Regel erfolgt die Erbringung von Einlagen durch die Gesellschafter entsprechend der Beteiligungsquote. Stehen die geleisteten Einlagen hingegen nicht in Relation zu der kapitalmäßigen Beteiligung, liegt eine disquotale Einlage vor.[49]

Das Gesellschaftsrecht enthält für Personengesellschaften keine ausdrückliche Regelung zur Handhabung disquotaler Einlagen. Auf Basis der Vertrags- und Vereinigungsfreiheit können diese auf Grundlage eines Gesellschafterbeschlusses und somit ohne eine erforderliche Regelung im Gesellschaftsvertrag durchgeführt werden.[50] Eine Einlage in das Stammkapital einer Kapitalgesellschaft bedarf stets einer Satzungsänderung.[51] Die Erfassung von Einlagen zur Kapitalerhöhung als Eigenkapital bei einer Kapitalgesellschaft erfolgt erst, wenn die Durchführung der Kapitalerhöhung gemäß § 189 AktG, § 54 Abs. 3 GmbHG im Handelsregister eingetragen wurde. Wird die Einlage vor dem Bilanzstichtag durchgeführt, jedoch erst nach diesem in das Handelsregister eingetragen, ist diese zum Bilanzstichtag noch nicht im gezeichneten Kapital zu berücksichtigen.[52] Erfolgt die Einlage hingegen nicht in das gezeichnete Kapital, ist eine Erfassung in der Kapitalrücklage notwendig.[53]

3.3 Ertragsteuerliche Behandlung disquotaler Einlagen

Erfolgt bei einer Kapitalgesellschaft eine quotale Einlageleistung sämtlicher Gesellschafter, liegen bei jedem Gesellschafter in entsprechender Höhe nachträgliche Anschaffungskosten auf die Beteiligung vor.[54] Die Berücksichtigung der Einlage als Anschaffungskosten auf die Beteiligung gilt unabhängig davon, ob diese in das Nennkapital oder in die Rücklagen erbracht wird.[55] Werden Einlagen in das Nennkapital der Gesellschaft disquotal erbracht, indem

[49] Vgl. Pöschke, M. (2023), Rn. 144 f.

[50] Vgl. Wachter, T. (2020), S. 1041.

[51] Vgl. Jaeger, C. (2024), § 3 Rn. 10.

[52] Vgl. Lüdenbach, N. (2009), S. 153; Reiner, G. (2024), § 266 Rn. 97.

[53] Vgl. Reiner, G. (2024), § 266 Rn. 97.

[54] Vgl. Hübner, H. et al. (2019), S. 1952.

[55] Vgl. Binnewies, B. (2011), S. 1023.

ein Gesellschafter nicht oder lediglich unterquotal an der Leistung von Einlagen teilnimmt, verringert sich dessen Beteiligungsquote an der Gesellschaft.[56] Anteile an Kapitalgesellschaften i. S. d. § 17 Abs. 1 S. 3 EStG verleihen den Inhabern Bezugsrechte, wonach ihnen das Recht zusteht im Falle einer Kapitalerhöhung weitere Beteiligungsrechte zu erwerben.[57] Während sich das Bezugsrecht von Aktionären aus § 186 AktG ergibt, kann sich das Bezugsrecht eines GmbH-Gesellschafters aus der Satzung ergeben oder im Rahmen eines Kapitalerhöhungsbeschlusses i. S. d. § 55 Abs. 2 GmbHG gewährt werden.[58] Verzichtet ein Gesellschafter zugunsten Dritter gegen Entgelt auf die Ausübung des Bezugsrechts oder veräußert er dieses, handelt es sich um eine steuerpflichtige Veräußerung i. S. d. § 17 Abs. 1 EStG bzw. § 20 Abs. 2 Nr. 1 EStG.[59]

Erfolgt eine disquotale Einlage in die Kapitalrücklagen, liegt in Höhe des überquotalen Anteils eine verdeckte Einlage vor, da der Gesellschafter keine weiteren Gesellschaftsrechte erhält.[60] Ein fremder Dritter würde eine Gegenleistung für die Einlage verlangen.[61] Zur Beurteilung des Vorliegens nachträglicher Anschaffungskosten verweist der BFH auf den handelsrechtlichen Begriff der Anschaffungskosten nach § 255 Abs. 1 HGB.[62] Die weitere ertragsteuerliche Würdigung ist abhängig davon, ob die Ursache der Einlage im Gesellschaftsverhältnis begründet ist. Besteht eine Veranlassung durch das Gesellschaftsverhältnis, bspw. aufgrund einer erwarteten Einlageleistung der anderen Gesellschafter oder einer schuldrechtlichen Abrede über die disquotale Rückzahlung oder disquotale Rücklagenbildung, entstehen lediglich bei dem leistenden Gesellschafter nachträgliche Anschaffungskosten.[63] Dies dürfte ebenfalls für den Fall gelten, in dem die disquotale Einlage in eine gesellschafterbezogene Kapitalrücklage eingestellt wird.[64] Im Fall des personenbezogenen Rücklagenkontos ist jedoch zu beachten, dass das steuerliche Einlagekonto nach § 27 KStG gesellschaftsbezogen geführt wird, womit sich die Personenbezogenheit der Rücklage nicht darstellen

[56] Vgl. Ott, H., (2021), S. 898.

[57] Vgl. Stalbold, R. (2024), § 17 Rn. 95.

[58] Vgl. Stalbold, R. (2024), § 17 Rn. 95.

[59] Vgl. BFH (1975a), S. 506 f.; BVerfG (1975), S. 540; Ott, H. (2021), S. 898; Stalbold, R. (2024), § 17 Rn. 36.

[60] Vgl. Potsch, N., Urbach, E. (2012), Rn. 21.

[61] Vgl. Friz, F., Grünwald, K. (2012), S. 914.

[62] Vgl. BFH (2017b), Rn. 35 f.; Schulze-Osterloh, J. (2018), S. 427.

[63] Vgl. BFH (1980a), S. 497; Friz, F., Grünwald, K. (2012), S. 914.; Groh, M. (1999), S. 1051; Hübner, H. et al. (2019), S. 1952.

[64] Vgl. Kotzenberg, J., Riedel, L. (2019), S. 2658; Schulze-Osterloh, J. (2018), S. 431.

lässt. Eine entsprechende Ausschüttung könnte in diesem Fall zwar zivilrechtlich eine Einlagenrückgewähr darstellen, steuerrechtlich allerdings aufgrund der Verwendungsreihenfolge nach § 27 Abs. 1 S. 3 KStG als disquotale Gewinnausschüttung eingestuft werden und folglich einer Belastung mit Kapitalertragsteuer unterliegen.[65] Infolge der unterbleibenden Minderung des steuerlichen Einlagekontos kann in den Folgejahren soweit ein ausschüttbarer Gewinn überschritten wird, eine Auskehrung aus dem steuerlichen Einlagekonto durchgeführt werden. Diese führt auch bei dem Gesellschafter, der nicht an der disquotalen Einlage teilgenommen hat, zu einem Rückfluss aus dem steuerlichen Einlagekonto. Die Einlagenrückgewähr unterliegt nicht der Kapitalertragsteuer, gilt jedoch nach § 17 Abs. 4 S. 1 EStG als Veräußerung. In Verbindung mit dem TEV, kann der Gesellschafter im Vergleich zu einer offenen Gewinnausschüttung ggf. von einem Steuervorteil profitieren, obwohl er zuvor keine Einlageleistung erbracht hat.[66] Erbringt der einlegende Gesellschafter die disquotale Einlageleistung mit dem Ziel, die anderen Mitgesellschafter zu begünstigen, besteht eine mittelbar verdeckte Einlage. Im Rahmen eines abgekürzten Zahlungswegs tätigt der Gesellschafter eine Zahlung an die Gesellschaft, welche zum einen eine Zuwendung an den Mitgesellschafter, zum anderen eine Einlageleistung des Mitgesellschafters an die Gesellschaft darstellt. Der leistende Gesellschafter erbringt, bezogen auf den überquotalen Teil der Einlage, keine Einlageleistung, stattdessen liegen nachträgliche Anschaffungskosten des bedachten Gesellschafters vor.[67]

Im Gegensatz zu der Beteiligung an einer Kapitalgesellschaft stellt eine Beteiligung an einer Personengesellschaft kein eigenständiges Wirtschaftsgut dar.[68] Stattdessen beruht die Behandlung der Beteiligung auf der Annahme, jeder Gesellschafter sei anteilig an den Wirtschaftsgütern der Personengesellschaft beteiligt.[69] In der Steuerbilanz werden Anteile an gewerblichen Personengesellschaften nach der Spiegelbildmethode erfasst, wonach in der Steuerbilanz das anteilige Kapitalkonto des Gesellschafters, bestehend aus dem anteiligen Gesamthandsvermögen sowie den Kapitalanteilen aus Ergänzungs- und Sonderbilanz, angesetzt werden.[70] Der Bilanzansatz der Beteiligung entspricht lediglich einem

[65] Vgl. Kotzenberg, J., Riedel, L. (2019), S. 2658; Wollweber, M. (2019), S. 880.

[66] Vgl. Wollweber, M. (2019), S. 880.

[67] Vgl. BFH (2000), S. 236; Friz, F., Grünwald, K. (2012), S. 914 f.; Hübner, H. et al. (2019), S. 1952.

[68] Vgl. BFH (1991), S. 700.

[69] Vgl. Zimmermann, R. et al. (2021), S. 2821.

[70] Vgl. Stadler, R., Hartmann, D. (2021), Rn. 3633.

wirtschaftsgutähnlichen Bilanzposten.[71] Die Erbringung einer Einlage erhöht das Kapital des Gesellschafters und folglich auch den Beteiligungsansatz.[72]

Entscheidend für die ertragsteuerlichen Folgen einer disquotalen Einlage ist die diesbezügliche Erfassung der Einlage auf den Kapitalkonten. Wird die Einlage auf dem Kapitalkonto I bzw. auf dem einheitlichen variablen Kapitalkonto nach dem Regelstatut des HGB verbucht, führt die disquotale Einlage zu einer Einbringung gegen Gewährung von Gesellschaftsrechten.[73] Durch die Disquotalität der Einlage verändern sich die Gewinnbeteiligungs- und Stimmrechte der Gesellschafter. Erfolgt die Erfassung auf dem variablen Kapitalkonto II, vermittelt dies keine Gesellschaftsrechte. Es liegt demnach kein tauschähnlicher Vorgang, sondern eine Einlage vor.[74] Gleichwohl erfolgt eine Zuordnung zu dem einlegenden Gesellschafter, infolgedessen sein Kapitalanteil an der Gesellschaft steigt.[75] Folglich erhöht sich lediglich der Kapitalanteil des einlegenden Gesellschafters. Im Falle einer Einlage in eine gesamthänderisch gebundene Rücklage, kommt die disquotale Einlage hingegen sämtlichen Gesellschaftern zu. Es erhöht sich dementsprechend ebenfalls der Wert der Beteiligung des Mitgesellschafters.[76] Durch die Erhöhung der Kapitalanteile der Mitunternehmer verringert sich ein möglicher Veräußerungserlös bei einem späteren Austritt der Gesellschafter. Die Disquotalität der Einlage ist über die Bildung einer Ergänzungsbilanz zu berücksichtigen.[77] In Höhe der anteiligen Einlage, welche über die Gesamthandsbilanz nicht dem einlegenden Gesellschafter zugeordnet wird, ist eine positive Ergänzungsbilanz zu dessen Gunsten zu bilden, in der das Mehrvermögen abgebildet wird. Korrespondierend erfolgt die Bildung einer negativen Ergänzungsbilanz für den Mitgesellschafter.[78]

---

[71] Vgl. Riepolt, J. (2022), S. 1102.

[72] Vgl. Riepolt, J. (2022), S. 1103.

[73] Vgl. Kahle, H., Hiller, M. (2020), § 6 Rn. 34.

[74] Vgl. BFH (2015), S. 593; BMF (2016), S. 684.

[75] Vgl. Rätke, B. (2016), S. 289.

[76] Vgl. Wachter, T. (2020), S. 1054.

[77] Vgl. Stöber, M. (2023), § 247 Rn. 124 f.

[78] Vgl. BMF (2011b), Rn. 24.14.

3.4 Erbschaft- und schenkungsteuerliche Behandlung disquotaler Einlagen

3.4.1 Behandlung disquotaler Einlagen in Kapitalgesellschaften

Erbringt ein Gesellschafter eine disquotale Einlage in eine Kapitalgesellschaft, ist zunächst zu prüfen, ob eine Schenkung des Gesellschafters an die Gesellschaft vorliegt. Ist der Gesellschafter an der empfangenen Kapitalgesellschaft beteiligt, ist in der Regel keine Schenkung gegeben.[79] Der Gesellschafter erhält zwar keine direkte Gegenleistung, gleichzeitig erhofft sich dieser durch die Leistung eine Stärkung der Gesellschaft und folglich ebenso seiner durch die Gesellschaft vermittelten Vermögenslage. Zivilrechtlich liegt in diesem Fall keine Schenkung vor.[80] Der BFH folgt dieser Ansicht mit Verweis auf die Erfüllung des Gesellschaftszwecks in seiner ständigen Rechtsprechung.[81] Die Finanzverwaltung sieht ebenfalls keine freigebige Zuwendung im Verhältnis der Gesellschafter zur Kapitalgesellschaft als gegeben an.[82]

Eine Schenkung infolge einer disquotalen Einlage in eine Kapitalgesellschaft könnte indes im Verhältnis der Gesellschafter zueinander vorliegen. Die Vermögensphären der Kapitalgesellschaft und der Gesellschafter sind voneinander zu trennen, sodass sich eine Zuwendung gegenüber der Gesellschaft lediglich über die Erhöhung des Werts der Gesellschaftsanteile auf Ebene der Gesellschafter auswirken kann. Die Zuwendung erfolgt jedoch nicht an die Gesellschafter selbst.[83] Eine hieraus resultierende Schenkungsteuerbarkeit auf Ebene der Gesellschafter hatte der BFH abgelehnt.[84] Die Werterhöhung stelle lediglich einen Reflex infolge eines gesellschaftsrechtlichen Vorgangs dar.[85] Hierauf reagierte der Gesetzgeber mit der Einführung der Regelung des § 7 Abs. 8 ErbStG, wonach die Erhöhung der Wertanteile an einer Kapitalgesellschaft einer mittelbar oder unmittelbar beteiligten natürlichen Person oder Stiftung durch die Leistung eines Zuwendenden an die Gesellschaft als Schenkung gilt.[86]

[79] Vgl. Kleinert, J. et al. (2024), S. 785.

[80] Vgl. BGH (2006), Rn. 11f; Kleinert, J. et al. (2024), S. 785.

[81] Vgl. BFH (1979), S. 631; BFH (1992), S. 923; BFH (2007a), S. 381.

[82] Vgl. R E 7.5 Abs. 1 S. 1 ErbStR.

[83] Vgl. Gebel, D. (2024), Rn. 414.

[84] Vgl. BFH (1995), S. 161; BFH (2009b), S. 566.

[85] Vgl. Fischer, M. (2012), S. 78.

[86] Vgl. Gebel, D. (2024), Rn. 414.

In der Gesetzesbegründung wird auf die Besteuerungslücke der disquotalen Einlage infolge der BFH-Rechtsprechung verwiesen, welche auf Fachveranstaltungen als Gestaltungsmöglichkeit dargestellt wurde und infolge der Einführung des § 7 Abs. 8 S. 1 ErbStG geschlossen werden soll.[87] Darüber hinaus ist § 7 Abs. 8 ErbStG zu prüfen, sofern ein Gesellschafter im Rahmen einer Kapitalerhöhung Anteile an einer Gesellschaft gegen eine Einlage erwirbt, welche den Wert der Anteile übersteigt.[88] In beiden Fällen liegt keine freigebige Zuwendung i. S. d. § 7 Abs. 1 Nr. 1 ErbStG vor, gleichwohl kann eine Besteuerung nach § 7 Abs. 8 S. 1 ErbStG erfolgen.[89]

Unter den Begriff der „Leistung" könnte jedes Tun, Dulden oder Unterlassen verstanden werden, welches zu einer Vermögensmehrung auf Ebene der Gesellschaft führt. Dieser Begriffsdefinition folgend könnten auch quotale Einlagen von § 7 Abs. 8 S. 1 ErbStG erfasst sein.[90] Dies steht indes nicht mit dem Gesetzeszweck im Einklang. Erfolgt eine disquotale Einlage eines Gesellschafters, stellt lediglich der überquotale Anteil eine Leistung im Sinne der Gesetzesnorm dar.[91] Die Feststellung, ob eine disquotale Leistung vorliegt, wenn die anderen Gesellschafter ebenfalls Leistungen erbringen, ist anhand eines sachlichen und zeitlichen Zusammenhangs zu beurteilen.[92] Sofern lediglich ein Gesellschafter eine Einlage erbringt, der andere Gesellschafter hingegen unentgeltlich für die Gesellschaft tätig wird, sind die jeweiligen Leistungen der Gesellschafter miteinander zu saldieren.[93] Das Ergebnis, wonach die Leistungen der Gesellschafter zu verrechnen sind, da basierend auf einer wirtschaftlichen Gesamtbetrachtung keiner der Gesellschafter bereichert worden ist, erhält in der Literatur Zustimmung, gleichwohl kann dies dem Gesetzeswortlaut nicht entnommen werden.[94] Jedoch besteht an der Erfordernis einer entsprechenden teleologischen Reduktion der Norm kein Zweifel. Die Finanzverwaltung folgt einer solchen Einschränkung der Norm auch in den Fällen, in denen ein subjektiver Bereicherungswille nicht vorhanden ist.[95]

---

[87] Vgl. BT-Drs. 17/7524, S. 20 f.; Fischer, M. (2017), § 7 Rn. 550.

[88] Vgl. R E 7.5 Abs. 2 S. 6 f. ErbStR.

[89] Vgl. Ott, H. (2021), S. 898; R E 7.5 Abs. 2 S. 1 ff. ErbStR.

[90] Vgl. Schuck, S. (2023), § 7 Rn. 263.

[91] Vgl. Schuck, S. (2023), § 7 Rn. 263.

[92] Vgl. van Lishaut, I. et al. (2012), S. 4.

[93] Vgl. Oberste Finanzbehörden der Länder (2018), Tz. 3.3.4; Schuck, S. (2023), § 7 Rn. 263.

[94] Vgl. Fischer, M. (2017), § 7 Rn. 558; Viskorf, S. et al. (2012), S. 934.

[95] Vgl. Loose, M. (2013), S. 563; Oberste Finanzbehörden der Länder (2018), Tz. 3.4.3.

Zuwendende i. S. d. § 7 Abs. 8 S. 1 ErbStG können neben den unmittelbar oder mittelbar beteiligten Gesellschaftern auch Dritte sein.[96] Sofern eine Bereicherung der Gesellschafter erzielt werden soll, wendet die Finanzverwaltung § 7 Abs. 8 S. 1 ErbStG an.[97] Im Gegensatz zum Grundtatbestand des § 7 Abs. 1 Nr. 1 ErbStG, ist für die Anwendung des § 7 Abs. 8 ErbStG keine freigebige Vermögensverschiebung erforderlich. Eine Schenkung wird bei Erhöhung des Anteilswertes fingiert, sodass die Tatbestandsvoraussetzungen einer freigebigen Zuwendung nicht zusätzlich erfüllt sein müssen.[98]

Als Gegenstand der Schenkung gilt nach dem Wortlaut des § 7 Abs. 8 S. 1 ErbStG nicht die disquotale Einlage selbst, sondern die Werterhöhung der Anteile der Mitgesellschafter.[99] Liegt keine Erhöhung des gemeinen Werts der Anteile an der Kapitalgesellschaft vor, ist folglich auch keine Bereicherung der Mitgesellschafter gegeben.[100] Für die Bemessung der Wertveränderung ist eine Bewertung der Anteile an der Kapitalgesellschaft erforderlich. Diese erfolgt gemäß § 11 Abs. 2 BewG, sofern sich der gemeine Wert nicht anhand von Veräußerungen innerhalb des vergangenen Jahres ermitteln lässt, anhand des Ertragswerts des Unternehmens. Der Substanzwert stellt gemäß § 11 Abs. 2 S. 3 BewG den Mindestwert dar.[101] Ist das disquotal eingelegte Wirtschaftsgut nicht ertragreich, bspw. wenn es sich um ein unvermietetes Grundstück handelt, erhöht sich der Ertragswert in Folge der Einlage nicht.[102] Die Finanzverwaltung berücksichtigt die Wertsteigerung in diesem Fall über § 200 Abs. 4 BewG im Rahmen des vereinfachten Ertragswertverfahrens nach § 11 Abs. 2 S. 4 BewG.[103] Die Bereicherung ist jedoch auf den gemeinen Wert der bewirkten Leistung begrenzt.[104]

Die Anwendung der Begünstigungsnormen nach §§ 13a, 13b ErbStG ist nach Auffassung der Finanzverwaltung bei einer Schenkung i. S. d. § 7 Abs. 8 ErbStG nicht möglich.[105] Begründet wird dies damit, dass der Erwerb von Anteilen an Kapitalgesellschaften, hingegen nicht die Werterhöhung solcher Anteile, die

[96] Vgl. Götz, H. (2024c), § 7 Rn. 357.
[97] Vgl. Götz, H. (2024c), § 7 Rn. 357; R E 7.5 Abs. 10 S. 4 ErbStR.
[98] Vgl. BFH (2024a), Rn. 17 ff.
[99] Vgl. Schuck, S. (2023), § 7 Rn. 266.
[100] Vgl. R E 7.5 Abs. 12 S. 5 ErbStR.
[101] Vgl. Fischer, M. (2017), § 7 Rn. 555.
[102] Vgl. Schuck, S. (2023), § 7 Rn. 266.
[103] Vgl. Oberste Finanzbehörden der Länder (2018), Tz. 3.4.1; R E 7.5 Abs. 12 S. 4 ErbStR.
[104] Vgl. R E 7.5 Abs. 12 S. 7 ErbStR.
[105] Vgl. R E 7.5 Abs. 13 S. 2 ErbStR.

durch eine Leistung an die Kapitalgesellschaft entstehen, begünstigt werden sollen.[106] Die Auffassung der Finanzverwaltung wurde mittlerweile vom BFH bestätigt.[107]

Die Besteuerung einer disquotalen Einlage nach § 7 Abs. 8 ErbStG kann zu einer Doppelbelastung mit Einkommen- und Schenkungsteuer führen, wenn die Beteiligung an der Kapitalgesellschaft i. S. d. §§ 17 Abs. 1 S. 1 u. Abs. 2 i. V. m. 3 Nr. 40 Buchst. c) EStG im Anschluss an die Einlageleistung veräußert wird.[108] Leistet lediglich ein Gesellschafter eine Einlage in die Kapitalrücklagen, veräußert daraufhin der Mitgesellschafter seinen Anteil, wird die Werterhöhung doppelt besteuert.[109] Denn der Mitgesellschafter verfügt infolge der Werterhöhung nicht über zusätzliche Anschaffungskosten.[110] Wie diese Doppelbelastung im Endeffekt gelöst werden soll, ist umstritten.[111] Ein Vorrang der Schenkungsteuer könnte diesbezüglich gelten.[112] Der BFH hat bezüglich der Doppelbelastung bei einer Veräußerung i. S. d. § 17 Abs. 1 S. 2 EStG mit Einkommen- und Schenkungsteuer entschieden, dass die möglichen ertragsteuerlichen Folgen im Zeitpunkt der Werterhöhung der Anteile für die schenkungsteuerliche Würdigung unbeachtlich sind. Die Doppelbelastung tritt erst bei einer tatsächlichen Veräußerung der Gesellschaftsanteile ein und kann folglich erst zu diesem Zeitpunkt berücksichtigt werden.[113]

Die Schenkungsteuerbarkeit einer disquotalen Einlage kann vermieden werden, indem der vermeintliche Zuwendende eine Gegenleistung in Form von zusätzlichen Rechten, wie eine erhöhte Gewinnbeteiligung, den Erhalt zusätzlicher Anteile oder eine erhöhte Beteiligung am Liquidationserlös, erhält.[114] Zudem liegt keine Werterhöhung der Anteile der Mitgesellschafter vor, wenn die disquotale Einlage in eine schuldrechtlich gebundene Kapitalrücklage der Gesellschaft eingestellt wird, die dem leistenden Gesellschafter im Falle der Liquidation zusteht.[115] Neben einer betragsmäßigen Rückzahlung der Einlage bei der Liquidation können auch abweichende Gestaltungen in Form eines prozentual

---

[106] Vgl. R E 7.5 Abs. 13 S. 1 ErbStR.
[107] Vgl. BFH (2024a), Rn. 33 ff.
[108] Vgl. Crezelius, G. (2011), S. 395.
[109] Vgl. Crezelius, G. (2011), S. 395.
[110] Vgl. Curdt, T. (2024), § 7 Rn. 240.
[111] Vgl. Schuck, S. (2023), § 7 Rn. 266.
[112] Vgl. BFH (2011), Rn. 19; Curdt, T. (2024), § 7 Rn. 240.
[113] Vgl. BFH (2024a), Rn. 31.
[114] Vgl. Curdt, T. (2024), § 7 Rn. 237.
[115] Vgl. Curdt, T. (2024), § 7 Rn. 237.

höheren Abfindungsanspruchs anhand des Ertragswerts oder einer modifizierten Buchwertklausel in der Satzung der Kapitalgesellschaft vereinbart werden.[116]

Dem FG Hamburg lag im Jahr 2023 die Rechtsfrage zur Entscheidung vor, ob eine disquotale Einlage eines Kommanditaktionärs in eine ungebundene Kapitalrücklage eine Schenkung an den persönlich haftenden Gesellschafter (phG) einer KGaA, welcher nicht am Grundkapital der Gesellschaft beteiligt ist, darstellt.[117] Im Sachverhalt bestand Einigkeit zwischen dem Kläger und der Finanzverwaltung darüber, dass eine disquotale Einlage eines Gesellschafters in eine Kapitalgesellschaft nicht zu einer freigebigen Zuwendung führt.[118] Die Finanzverwaltung vertrat jedoch die Ansicht, eine Steuerbarkeit ergebe sich über § 7 Abs. 8 ErbStG.[119] Dies lehnte das FG Hamburg ab, da kein Anteil an einer Kapitalgesellschaft i. S. d. § 7 Abs. 8 ErbStG vorliege.[120] Die KGaA stellt zwar steuerrechtlich eine Kapitalgesellschaft dar.[121] Das FG Hamburg verwies bezüglich des Vorliegens eines Anteils an einer Kapitalgesellschaft indes auf das Urteil des FG Rheinland-Pfalz, wonach hierfür eine Beteiligung am Nennkapital der Gesellschaft erforderlich sei.[122] Zudem unterscheide der Gesetzeswortlaut des ErbStG in § 13b Abs. 1 Nr. 2 u. 3 ErbStG explizit zwischen dem Anteil des phG an einer KGaA und Anteilen an einer Kapitalgesellschaft.[123] Diese Differenzierung findet sich auch in § 13a Abs. 6 S. 1 ErbStG wieder.[124] Die Gesetzessystematik spreche somit gegen die Auffassung, der Anteil eines phG stelle einen Anteil an einer Kapitalgesellschaft dar.[125] Zudem war bei der Einführung des § 7 Abs. 8 ErbStG bereits das Begriffsverständnis bekannt, wonach der Anteil eines phG kein Anteil an einer Kapitalgesellschaft darstelle. Trotz mehrmaliger Änderung der §§ 13a, 13b ErbStG bestand diese Auffassung bereits bei der Ergänzung des § 7 ErbStG um einen achten Absatz.[126] Infolge des Urteils war eine disquotale Einlage in eine KGaA zugunsten des phG nicht steuerbar. Dies

[116] Vgl. Perwein, S. (2010), S. 137.
[117] Vgl. FG Hamburg (2023), S. 1466 ff.
[118] Vgl. FG Hamburg (2023), Rn. 17 f.
[119] Vgl. FG Hamburg (2023), Rn. 18.
[120] Vgl. FG Hamburg (2023), Rn. 62 ff.
[121] Vgl. BFH (2005a), S. 1627.
[122] Vgl. FG RP (2022), Rn. 67.
[123] Vgl. FG Hamburg (2023), Rn. 69.
[124] Vgl. FG Hamburg (2023), Rn. 62.
[125] Vgl. FG Hamburg (2023), Rn. 63.
[126] Vgl. FG Hamburg (2023), Rn. 73.

führte zu einer Besteuerungslücke, die in der Beratungspraxis als Steuergestaltung genutzt wurde.[127] Zur Sicherstellung der Steuerbarkeit einer Werterhöhung der Beteiligung des phG einer KGaA, wurde durch das Wachstumschancengesetz der § 7 ErbStG um einen neunten Absatz ergänzt.[128] In der Gesetzesbegründung wird explizit darauf hingewiesen, dass die Einführung des § 7 Abs. 9 ErbStG lediglich klarstellender Natur sei und keine Erweiterung des Steuertatbestandes bezweckt, da § 7 Abs. 8 ErbStG auch die Beteiligung des phG erfasst.[129]

Aufgrund der eingelegten Revision gegen das Urteil des FG Hamburg bleibt abzuwarten, ob die Einführung des § 7 Abs. 9 ErbStG überstürzt stattgefunden hat oder der BFH die Rechtsauffassung der Vorinstanz teilt.[130] Widerspricht der BFH hingegen den Ansichten des FG Hamburg, stellt die Gesetzesnorm keineswegs lediglich eine Klarstellung dar, sondern begründet einen neuen Steuertatbestand.[131] Anhand der Urteilsbegründung des FG Hamburg wird klar, dass sowohl das Begriffsverständnis des Anteils an einer Kapitalgesellschaft als auch die Gesetzessystematik und die Gesetzgebungsgeschichte gegen eine Anwendbarkeit des § 7 Abs. 8 ErbStG auf Anteile des phG einer KGaA sprechen. Es ist strittig, inwiefern eine Analogie im Steuerrecht zu Lasten des Steuerpflichtigen zulässig ist.[132] Es wäre eine planwidrige Regelungslücke erforderlich, wonach die Regelung eines bestimmten Sachverhalts im Gesetz fehlt, welche nach dem gesetzlichen Grundgedanken sowie der Teleologie hätte eingeführt werden müssen.[133] Eine solche planwidrige Regelungslücke liegt indes nicht vor, da der Grundtatbestand des § 7 Abs. 1 Nr. 1 ErbStG um einen abschließenden Katalog an normierten Ersatz-, Ergänzungs- und Sondertatbeständen ergänzt wird. Die fehlende Unterwerfung eines Sachverhaltes der Schenkungsteuer führt jedoch nicht sofort zu einer planwidrigen Regelungslücke, sondern grundsätzlich zu einem ungeregelten Sachverhalt, welcher allenfalls einen besteuerungspolitischen Fehler darstellt.[134] Darüber hinaus wird in § 7 Abs. 8 ErbStG auf die Werterhöhung des Anteils an einer Kapitalgesellschaft abgestellt. Da die Beteiligung des phG einer KGaA indes nicht als Anteil an einer Kapitalgesellschaft, sondern

---

[127] Vgl. Knittel, M. (2023), S. 317.

[128] Vgl. Hörster, R. (2024), S. 1249 f.

[129] Vgl. BT-Drs. 20/9396, S. 33.

[130] Vgl. Götz, H. (2024c), § 7 Rn. 378.

[131] Vgl. Götz, H. (2024c), § 7 Rn. 378.

[132] Vgl. BFH (1997a), S. 6; BVerfG (1985), S. 1891; Kleinert, J. et al. (2024), S. 789; Stöber, M., Kleinert, J. (2016), S. 282.

[133] Vgl. Drüen, K. (2024), § 4 Rn. 345; Kleinert, J. et al. (2024), S. 789 f.

[134] Vgl. Kleinert, J. et al. (2024), S. 790.

als Anteil am Betriebsvermögen anzusehen ist, spricht dies Gesetzessystematik zusätzlich gegen eine analoge Anwendung.[135] Im Ergebnis wird deutlich, dass im Sachverhalt keine planwidrige Gesetzeslücke vorliegt. Der Gesetzgeber hat durch die Einführung des § 7 Abs. 9 ErbStG keine Klarstellung vorgenommen, sondern entgegen der Gesetzesbegründung einen neuen Steuertatbestand geschaffen.[136]

3.4.2 Behandlung disquotaler Einlagen in Personengesellschaften

Erfolgt eine disquotale Einlage in eine Personengesellschaft, gilt es zu prüfen, ob die Gesellschaft selbst oder die an der Gesellschaft beteiligten Personen Bedachte einer Zuwendung sind. Erbringt ein Zuwendender eine Schenkung an eine Gesamthandsgemeinschaft, war nach der ursprünglichen Rechtsprechung des BFH die Gesellschaft selbst Erwerber und somit Steuerschuldner. Dies begründete der BFH mit der zivil- und handelsrechtlichen Trennung des Vermögens zwischen Gesellschaft und Gesellschafter, wonach kein Durchgriff auf die Gesamthänder erfolgte.[137] Der BFH änderte in den Folgejahren seine Rechtsprechung, wonach entsprechend der neueren Auffassung eine freigebige Zuwendung an die Gesamthänder, und somit nicht an die Personengesellschaft selbst, vorliege.[138] Als zivilrechtlicher Erwerber wird zwar nach wie vor die Gesellschaft selbst angesehen, die Steuerpflicht geht indes aufgrund einer Bereicherung der Gesamthand auf die Gesellschafter über.[139] Insoweit in vorherigen Urteilen entschieden wurde, dass ausschließlich die zivilrechtliche Beurteilung bei der Bestimmung des Bedachten entscheidend ist, weicht der BFH bei Schenkungen an Personengesellschaften von diesem Grundsatz ab.[140] Der BFH bestätigte seine Rechtsprechung im Jahr 2020 bei einer disquotalen Einlage in ein gesellschaftsbezogenes Rücklagenkonto einer KG, wonach aufgrund einer fehlenden

[135] Vgl. Kleinert, J. et al. (2024), S. 790.

[136] Vgl. Kleinert, J. et al. (2024), S. 790 f.

[137] Vgl. BFH (1988), S. 237; Borggräfe, J., Staud, M. (2017), S. 2607 f.

[138] Vgl. Bäuml, S. (2020), S. 3032; BFH (1994b), S. 81; BFH (2017a), Rn. 19.

[139] Vgl. Borggräfe, J., Staud, M. (2017), S. 2608.

[140] Vgl. Bäuml, S. (2020), S. 3032 f.; BFH (2009c), Rn. 13; BFH (2013b), Rn. 12; BFH (2017d), Rn. 13.

Gegenleistung der Mitgesellschafter eine freigebige Zuwendung an die anderen Gesellschafter dadurch vorliegt, dass sich deren über die KG gehaltene Beteiligung am Gesamthandsvermögen erhöhe.[141]

Das Vorliegen einer freigebigen Zuwendung kann nicht dadurch abgelehnt werden, dass die disquotale Einlage auf dem Gesellschaftsverhältnis beruht, da nicht die Personengesellschaft selbst, sondern die Mitgesellschafter als Bereicherte gelten.[142] Die Begründung des BFH stößt insoweit auf Kritik, als dieser bei der Prüfung einer etwaigen Gegenleistung der Mitgesellschafter sowohl Leistungen an die anderen Gesellschafter als auch an die Gesellschaft berücksichtigt[143], gleichwohl das Verhältnis des leistenden Gesellschafters zur Gesellschaft bei Erbringen der disquotalen Einlage nicht von Relevanz sei. Mit Blick auf die ständige Rechtsprechung des BFH, wonach gesellschaftsrechtlich veranlasste Leistungen keine freigebigen Zuwendungen darstellen, wird die Auffassung des BFH insoweit als inkonsequent erachtet.[144] In Bezug auf die anzuwendende Steuerklasse ist auf das Verhältnis des leistenden Gesellschafters zu dessen Mitgesellschafter abzustellen, wodurch insbesondere bei Familiengesellschaften eine günstigere Steuerklasse sowie höhere Freibeträge greifen. Im Verhältnis zur Gesellschaft würde hingegen Steuerklasse III zur Anwendung kommen.[145]

Bei der Leistung einer disquotalen Einlage in das Vermögen einer Personengesellschaft werden zwei mögliche Bereicherungsgegenstände betrachtet. Zum einen kann der Bereicherungsgegenstand durch die Werterhöhung der unterquotal einlegenden Gesellschafter gegeben sein, sofern sich der gemeine Wert ihrer Beteiligung an der Gesellschaft aufgrund der Einlage erhöht. Zum anderen kann der eingelegte Vermögensgegenstand selbst den Bereicherungsgegenstand darstellen.[146] Während bei disquotalen Einlagen in eine Kapitalgesellschaft ohne die Regelung des § 7 Abs. 8 ErbStG keine Schenkungsteuerbarkeit gegeben wäre, bedarf es bei Personengesellschaften keiner zusätzlichen Norm, da bereits zwei mögliche Anknüpfungspunkte der Besteuerung bestehen.[147] Die Neuerung durch das Urteil wird in der Literatur zum Teil darin gesehen, dass der BFH

[141] Vgl. BFH (2020a), S. 658.
[142] Vgl. BFH (2020a), Rn. 29.
[143] Vgl. BFH (2020a), Rn. 28.
[144] Vgl. Leidel, S. (2021), S. 16; Wachter, T. (2020), S. 1052.
[145] Vgl. Wachter, T. (2020), S. 1052.
[146] Vgl. Christopeit, I. (2021), S. 1230 f.
[147] Vgl. Christopeit, I. (2021), S. 1230 f.

für Zwecke der steuerlichen Bewertung nicht auf eine beteiligungsquotale Zuordnung des Vermögens, sondern auf den Wertzuwachs der Beteiligung abstelle.[148] Dies wird u. a. deshalb gefordert, da der Gesellschafter nicht frei über den eingelegten Vermögensgegenstand verfügen könne. Der Inhaber des Gegenstandes sei die Personengesellschaft selbst.[149] Die Werterhöhung als Anknüpfungspunkt der Besteuerung wird von anderen Stimmen hingegen als subsidiär angesehen. Sofern ein unmittelbarer Erwerb und somit ein unmittelbarer Vermögenszuwachs auf Ebene der Gesellschafter vorliege, über welchen die Gesellschafter frei verfügen können, wird nicht auf die Werterhöhung der Beteiligung abgestellt.[150] Stattdessen sei der Vermögensgegenstand als Bereicherungsgegenstand anzusehen.[151] Denn bei Personengesellschaften erfolgt eine unmittelbare Zurechnung des Vermögens auf die Gesellschafter, infolgedessen eine unmittelbare freigebige Zuwendung i. S. d. § 7 Abs. 1 Nr. 1 ErbStG gegeben ist.[152] Der BFH stellt schließlich in seiner Entscheidung klar, dass im Sachverhalt ein Geldbetrag und somit der eingelegte Vermögensgegenstand als Zuwendungsgegenstand anzusehen ist.[153]

Mit Blick auf die Besteuerung disquotaler Einlagen in Kapitalgesellschaften nach § 7 Abs. 8 ErbStG und die Versagung der Nutzung der Begünstigungsnormen §§ 13a, 13b ErbStG durch die Finanzverwaltung wird die Frage aufgeworfen, ob die Begünstigungen bei disquotalen Einlagen in Personengesellschaften greifen können.[154] Erfolgt eine Zuwendung, bei der es sich um begünstigtes Vermögen i. S. d. § 13b Abs. 1 ErbStG handelt, wird dieses schenkungsteuerlich durch die Gesellschafter erworben. Demnach wird die Auffassung vertreten, dass die Begünstigungsvorschriften der §§ 13a, 13b ErbStG anwendbar sind.[155] Andere Teile der Literatur lehnen dies hingegen ab, da die bloße Werterhöhung der Anteile keinen Erwerb darstelle.[156] Diese Rechtsfrage lag dem Urteilsfall des FG Hamburg zugrunde.[157] Im Sachverhalt wurden Anteile an

---

148 Vgl. BFH (2020a), Rn. 12; Cornelius, L. et al. (2024), S. 47 f.; Leidel, S. (2021), S. 16.

149 Vgl. Georg, Y. (2020), S. 574.

150 Vgl. Christopeit, I. (2021), S. 1231.

151 Vgl. Christopeit, I. (2021), S. 1231; Stenert, J. (2020), S. 556; Strauch, R., Sonnenschein, D. (2023), S. 868.

152 Vgl. Milatz, J. et al. (2020), S. 278.

153 Vgl. BFH (2020a), Rn. 31; Christopeit, I. (2021), S. 1231.

154 Vgl. Cornelius, L. et al. (2024), S. 47.

155 Vgl. Christopeit, I. (2021), S. 1232; Milatz, J. et al. (2020), S. 278.

156 Vgl. Trossen, N. (2020), S. 555; Wachter, T. (2020), S. 1052

157 Vgl. FG Hamburg (2024), S. 1057.

einer Kapitalgesellschaft i. S. d. § 13b Abs. 1 Nr. 3 ErbStG ohne Gegenleistung in Form einer disquotalen verdeckten Einlage in eine KG eingebracht.[158] Das Finanzamt versagte die Anwendung des Verschonungsabschlags und setzte Schenkungsteuer fest.[159] Dies wurde unter Verweis auf die analoge Begründung in Rahmen des § 7 Abs. 8 ErbStG damit gerechtfertigt, dass der Zuwendungsgegenstand die Werterhöhung der Anteile an der KG und nicht die Anteile an der Kapitalgesellschaft selbst seien. Die Werterhöhung sei jedoch kein begünstigter Zuwendungsgegenstand i. S. d. § 13b ErbStG.[160] Das FG Hamburg gab der Klägerin indes Recht.[161] Es ist nicht erforderlich, dass der Erwerber auch zivilrechtlicher Eigentümer der Anteile sei. Hingegen ist auch eine mittelbare Beteiligung über das Gesamthandsvermögen einer Personengesellschaft ausreichend.[162] Würde hingegen die Bereicherung einer Personengesellschaft, welche zivilrechtlich Bedachter ist, aufgrund der Transparenz auf die Gesellschafter übergehen, gleichwohl die Begünstigung aufgrund eines fehlenden zivilrechtlichen Erwerbs der Gesellschafter untersagt werden, wäre dies inkonsequent und unbillig.[163] Dieses Ergebnis entspricht zudem dem Sinn und Zweck der Begünstigungsnorm, wonach bei Betriebsübergängen die Liquidität geschützt, Investitionen nicht verhindert und Arbeitsplätze erhalten bleiben sollen.[164] Im Rahmen dieses Gesetzeszwecks ist es unerheblich, ob die Übertragung des Betriebsvermögens auf eine natürliche Person oder eine Personengesellschaft erfolgt.[165] Die gegen das Urteil des FG Hamburg eingelegte Revision beim BFH wurde zurückgezogen, infolgedessen das Urteil rechtskräftig ist.[166]

Die Tatsache, dass sich der BFH in seinen Urteilen auf die „Gesamthand“ bezog, führte insbesondere durch das MoPeG und den Wegfall des Gesamthandsprinzips zu Unklarheiten bei der Besteuerung.[167] Der Zweck der Erbschaft- und Schenkungsteuer liegt in der Besteuerung einer höheren wirtschaftlichen Leistungsfähigkeit infolge einer unentgeltlichen Vermögensmehrung.[168] Das BVerfG

[158] Vgl. FG Hamburg (2024), Rn. 4.
[159] Vgl. FG Hamburg (2024), Rn. 6.
[160] Vgl. FG Hamburg (2024), Rn. 12.
[161] Vgl. FG Hamburg (2024), Rn. 13.
[162] Vgl. FG Hamburg (2024), Rn. 18.
[163] Vgl. FG Hamburg (2024), Rn. 23.
[164] Vgl. BT-Drs. 16/7918, S. 33.
[165] Vgl. Rothenberger, F. (2024), S. 187 f.
[166] Vgl. Rothenberger, F. (2024), S. 188.
[167] Vgl. Kleinert, J. et al. (2024), S. 787.
[168] Vgl. BVerfG (1984), S. 2514 f.; Gottschalk, P. (2024), Rn. 35.

rechtfertigte eine unterschiedliche steuerliche Behandlung von Personen- und Kapitalgesellschaften damit, dass bei den juristischen Personen durch eine abgeschirmte Vermögenssphäre eine eigenständige wirtschaftliche Leistungsfähigkeit der Gesellschaft besteht.[169] Durch das MoPeG erfolgt keine Zurechnung des Vermögens zu den Gesellschaftern mehr, die Personengesellschaft ist hingegen selbst objektiv leistungsfähig.[170] Demnach kommt es infolge einer disquotalen Einlage zu einer Erhöhung der eigenständigen Leistungsfähigkeit der Personengesellschaft. Eine Besteuerung auf Ebene der Gesellschafter wäre nach Inkrafttreten des MoPeG somit nicht mehr zu rechtfertigen.[171] Die Gegebenheit, dass die Argumentation des BFH auf den §§ 718 f. BGB a. F. basierte, welche infolge des MoPeG gestrichen wurden, hätte demnach zu einer Änderung der Rechtsprechung führen können.[172] Eine disquotale Einlage hätte voraussichtlich keine freigebige Zuwendung mehr dargestellt.[173] Im Schrifttum wurde demnach u. a. die Auffassung vertreten, dass eine analoge Anwendung des § 7 Abs. 8 ErbStG bei disquotalen Einlagen in Personengesellschaften durchzuführen sei, da andernfalls eine planwidrige Regelungslücke bei einer gleichgerichteten Interessenslage zwischen Kapital- und Personengesellschaften vorliege.[174] Der Gesetzgeber reagierte kurz vor Inkrafttreten des MoPeG mit der Einführung des § 2a ErbStG, wonach rechtsfähige Personengesellschaften für Zwecke der Erbschaft- und Schenkungsteuer als Gesamthand und deren Vermögen als Gesamthandsvermögen fingiert werden.[175] Durch die Einführung der Norm im Rahmen des Kreditzweitmarktförderungsgesetzes soll an der bisherigen Rechtsauffassung festgehalten werden, wonach im Falle einer freigebigen Zuwendung an eine rechtsfähige Personengesellschaft die beteiligten Gesellschafter und nicht die Gesellschaft als Bedachte gelten.[176] Obwohl für das Vorliegen einer freigebigen Zuwendung i. S. d. § 7 Abs. 1 Nr. 1 ErbStG ein subjektiver Tatbestand erfüllt sein muss und dies bei einer disquotalen Einlage in eine Personengesellschaft, insbesondere wenn es sich nicht um einer Familiengesellschaft handelt, strittig sein kann,

[169] Vgl. BVerfG (2006a), Rn. 116 ff.; Schall, A. (2021), S. 495.
[170] Vgl. Schall, A. (2021), S. 495.
[171] Vgl. Rohde, J. (2021), S. 1495.
[172] Vgl. Röder, E. (2023), S. 1091.
[173] Vgl. Kleinert, J. et al. (2024), S. 787.
[174] Vgl. Bachem, E. (2022), S. 728.
[175] Vgl. Kleinert, J. et al. (2024), S. 787.
[176] Vgl. BT-Drs. 20/9782, S. 206.

wird durch die Norm des § 2a ErbStG eine tatsächliche Prüfung des Bereicherten abgelehnt und stattdessen eine pauschale Zuwendung an die Gesellschafter angenommen.[177]

Eine Schenkungsteuerbarkeit der disquotalen Einlage ist ausgeschlossen, wenn keine Vermögensverschiebung zwischen den Gesellschaftern stattfindet. Dies ist der Fall, wenn die in einer Kapitalrücklage erfasste Einlage wieder in voller Höhe an den leistenden Gesellschafter zurückfließen wird.[178] Eine freigebige Zuwendung liege folglich nicht vor, wenn eine Bareinlage auf einem gesellschafterbezogenen Konto erfasst wird, bezüglich dessen die Mitgesellschafter keinen Auseinandersetzungsanspruch haben.[179] Dies ist im Regelfall des klassischen Kontenmodells das Kapitalkonto II. Dass in diesem Fall keine freigebige Zuwendung vorliegt, wurde zwar soweit ersichtlich nicht höchstrichterlich entschieden, gleichwohl deutet der Verweis des BFH[180] auf die gesellschaftsbezogene Rücklage darauf hin, dass eine disquotale Einlage in eine gesellschafterbezogene Rücklage anders beurteilt wird als der Sachverhalt im vorliegenden Urteilsfall.[181] Wird hingegen eine Sacheinlage erbracht, kann eine Schenkung an die Mitgesellschafter dadurch vermieden werden, dass der Ansatz der Wirtschaftsgüter in der Handelsbilanz mit den Verkehrswerten erfolgt, sodass die stillen Reserven der eingelegten Wirtschaftsgüter aufgedeckt und nicht auf die Mitgesellschafter übertragen werden.[182] In der Literatur wird zwar die Auffassung vertreten, bei einer Verbuchung auf einem gesellschaftsbezogenen Rücklagenkonto fehle es für eine Steuerbarkeit an einem Zuwendungsgegenstand, da auch in diesem Fall durch die Erhöhung der Rücklage lediglich eine bilanzielle Rechengröße, jedoch weder ein pfändbarer Vermögenswert noch ein Anspruch der Mitgesellschafter gegen die Gesellschaft vorliege.[183] Der erläuterten Rechtsprechung des BFH und der schenkungsteuerlichen Beibehaltung des Gesamthandsprinzips durch § 2a ErbStG folgend, dürfte eine freigebige Zuwendung bei Verbuchung in eine gesellschaftsbezogene Rücklage indes vorliegen.

177 Vgl. Zeising, J. (2024), S. 538.
178 Vgl. Wachter, T. (2020), S. 1052.
179 Vgl. Fischnaler, R. (2020), S. 963.
180 Vgl. BFH (2020a), Rn. 32.
181 Vgl. Stenert, J. (2020), S. 556.
182 Vgl. Strahl, M. (2020), S. 2444.
183 Vgl. Zeising, J. (2024), S. 537.

4 Fazit

Das Vorliegen disquotaler Gesellschaftsbeziehungen führt sowohl bei der Ertragsbesteuerung als auch der schenkungsteuerlichen Behandlung zu ungeklärten Rechtsfragen, wobei die Beurteilung stets von einer Unterscheidung zwischen den Rechtsformen geprägt ist. Bereits bei den erforderlichen Voraussetzungen für eine ertragsteuerliche Anerkennung der disquotalen Gewinnausschüttung aus einer Kapitalgesellschaft sind sich der BFH und die Finanzverwaltung zwar einig darüber, dass eine zivilrechtlich wirksame Vereinbarung erforderlich ist. Gleichwohl sah die Finanzverwaltung einen Gestaltungsmissbrauch i. S. d. § 42 AO als gegeben an, sofern keine beachtlichen außersteuerlichen Gründe für die disquotale Gewinnausschüttung vorliegen. Der BFH folgt diesbezüglich hingegen einem liberaleren Ansatz. Mit dem jüngsten BMF-Schreiben zur steuerlichen Anerkennung disquotaler Gewinnausschüttungen scheint die Finanzverwaltung aufgrund des fehlenden Verweises auf § 42 AO ihre restriktive Auffassung in Anbetracht der eindeutigen Rechtsprechung aufgegeben zu haben. Es bleibt indes abzuwarten, wie sich die Haltung der Finanzbehörden in der Praxis äußern wird. Wird die Gewinnausschüttung steuerlich nicht anerkannt, stellt der überquotal verteilte Gewinn aus einer Personengesellschaft eine ertragsteuerlich unbeachtliche privat veranlasste Gewinnverwendung dar. Bei Kapitalgesellschaften besteht Uneinigkeit über die Folgen der fehlenden Anerkennung. Während Teile der Literatur eine den Beteiligungsverhältnissen entsprechende Verteilung fordern, besteht anderweitig die Ansicht, der überquotale Anteil stelle eine vGA an den übermäßig am Gewinn beteiligten Gesellschafter dar. Bei Beurteilung der Rechtsfolgen ist konsequenterweise zwischen einer zivilrechtlichen Versagung der Gewinnausschüttung und dem Vorliegen eines Gestaltungsmissbrauchs zu differenzieren, wobei letztgenannter Fall infolge des neuen BMF-Schreibens seltener auftreten sollte.

L. Hierath, *Disquotale Gewinnausschüttungen und Einlagen*, BestMasters,
https://doi.org/10.1007/978-3-658-49849-8_4

Darüber hinaus ist auch die schenkungsteuerliche Behandlung einer disquotalen Gewinnausschüttung nicht eindeutig geregelt. Bei Personengesellschaften ist die Anwendbarkeit des § 7 Abs. 6 ErbStG auf nachträglich vereinbarte disquotale Gewinnausschüttungen in der Literatur umstritten. Während eine freigebige Zuwendung nach § 7 Abs. 1 Nr. 1 ErbStG vorliegen könnte, wendet die Finanzverwaltung die Norm des § 7 Abs. 6 ErbStG indes an, wodurch sich eine Steuerbarkeit des Gewinnübermaßes ergeben kann. Da eine Gewinnausschüttung stets auf dem Gesellschaftsverhältnis beruht, kann eine Schenkungsteuerbarkeit zwischen einer Kapitalgesellschaft und ihren Gesellschaftern nicht vorliegen. Gleichwohl kann sich diese nach Auffassung der Finanzverwaltung durch eine freigebige Zuwendung auf Gesellschafterebene ergeben. Eine Schenkungsteuerbarkeit der disquotalen Gewinnausschüttung kann nicht vorliegen, sofern diese leistungsbezogen erfolgt. Der Umstand, dass der Verweis auf das Vorliegen beachtlicher außersteuerlicher Gründe für die disquotale Gewinnausschüttung nicht in das aktualisierte BMF-Schreiben vom 04.09.2024 übernommen wurde, wird voraussichtlich keine Auswirkungen auf die schenkungsteuerliche Würdigung der Finanzverwaltung haben, da dieses in erster Linie eine ertragsteuerliche Auffassung vertritt.

Zur Umsetzung einer disquotalen Gewinnausschüttung stehen den Gesellschaftern verschiedene Gestaltungsmöglichkeiten zur Verfügung. Während als Alternative zur disquotalen Gewinnausschüttung eine Weiterleitung des bereits ausgeschütteten Gewinns als auch schuldrechtliche Vereinbarungen in ihrer Handhabung flexibler sind, sind deren Einsatzmöglichkeiten in der Praxis begrenzt. Sowohl die Einführung von Tracking Stocks als auch von Vorzugsanteilen führt in der Regel zu einer steuerlichen Anerkennung der Gewinnverteilung. Gleichwohl bedarf es einer entsprechenden Regelung im Gesellschaftsvertrag bzw. in der Satzung, wodurch diese Instrumente keine hohe Flexibilität aufweisen. Initiatoren eines Wagniskapitalfonds können durch die Vereinbarung eines Carried Interest disquotal vergütet werden, welcher nach der aktuellen Rechtsprechung als Gewinnanteil anerkannt wird. Dieser bedarf indes ebenfalls einer zivilrechtlich wirksamen Vereinbarung. Eine Sonderform der disquotalen Gewinnausschüttung stellt die gespaltene Gewinnausschüttung dar. Diese führt, abweichend von den alternativen Gestaltungsmöglichkeiten, nicht zu einer disquotalen Gewinnverteilung. Die Gewinnverwendung der Gesellschafter erfolgt hingegen divergent, woraus ein fiktiver Zinsvorteil resultieren kann, welcher sämtlichen Gesellschaftern zugutekommt.

Erbringen die Gesellschafter eine Einlageleistung disquotal, ist die Erfassung auf den entsprechenden Eigenkapitalkonten entscheidend dafür, ob sich die Beteiligungsverhältnisse an der Gesellschaft verändern. Eine solche Einlage in das

Kapitalkonto I einer Personengesellschaft bzw. in das Nennkapital einer Kapitalgesellschaft beeinflusst zwangsläufig die Gesellschaftsrechten der Beteiligten. Wird die Einlage hingegen auf einem gesellschaftsbezogenen Rücklagenkonto verbucht, ist in Bezug auf die Zuordnung der nachträglichen Anschaffungskosten bei Kapitalgesellschaften der Veranlassungszusammenhang entscheidend. Bei Personengesellschaften sind Ergänzungsbilanzen zu bilden.

Schenkungsteuerlich unterliegt die Werterhöhung der Anteile an einer Kapitalgesellschaft infolge einer disquotalen Einlage einer Besteuerung gemäß § 7 Abs. 8 ErbStG. Bei Personengesellschaften kann bei einer Vermögensverschiebung zwischen den Gesellschaftern eine freigebige Zuwendung gegeben sein. Infolge der Einführung des § 2a ErbStG, wonach das Gesamthandsprinzip für Zwecke der Erbschaft- und Schenkungsteuer weiterhin bestehen bleibt, sind die Gesellschafter als Bereicherte anzusehen.

Disquotale gesellschaftliche Leistungsbeziehungen führen im Ergebnis zu teilweise noch ungeklärten Rechtsfragen bei der Besteuerung. Gleichwohl steht das Steuerrecht den mit den Gestaltungsformen verbundenen Zielsetzungen im Falle einer bedachten Umsetzung lediglich selten entgegen. Die Rechtsprechung sowie die jüngste Auffassung der Finanzverwaltung zeigen vermehrt eine steuerliche Anerkennung disquotaler Gewinnausschüttungen auf, sodass diese für die Praxis an Bedeutung gewinnen und vermehrt als Gestaltungsinstrument eingesetzt werden können.

Verzeichnis der Rechtsquellen, Drucksachen und Verwaltungsanweisungen

AktG (2024): Aktiengesetz vom 06.09.1965 (BGBl. I S. 1089) mit allen späteren Änderungen, einschließlich der Änderung durch das Gesetz vom 11.12.2023 (BGBl. 2023 I Nr. 354).

BayLfSt (2016): Anwendung des § 97 Abs. 1b BewG idF des Steueränderungsgesetzes 2015 vom 6.4.2016 – S 3150.1.1 – 2/2 St 34.

BewG (2024): Bewertungsgesetz vom 01.02.1991 (BGBl. I S. 230) mit allen späteren Änderungen, einschließlich der Änderung durch das Gesetz vom 22.12.2023 (BGBl. 2023 I Nr. 411).

BGB a. F. (2023): Bürgerliches Gesetzbuch vom 02.01.2002 (BGBl. I S. 42, 2909; 2003 I S. 738) mit allen späteren Änderungen, einschließlich der Änderung durch das Gesetz vom 22.12.2023 (BGBl. 2023 I Nr. 411).

BGB (2024): Bürgerliches Gesetzbuch vom 02.01.2002 (BGBl. I S. 42, 2909; 2003 I S. 738) mit allen späteren Änderungen, einschließlich der Änderung durch das Gesetz vom 16.07.2024 (BGBl. 2024 I Nr. 240).

BMF (2000): Inkongruente Gewinnausschüttungen; Anwendung des BFH-Urteils vom 19. August 1999 – I R 77/96 – (BStBl. 2021 II S. 43) – v. 07.12.2000 – IV A 2 – S 2810 – 4/00, BStBl. I 2001 S. 47.

BMF (2003a): Schreiben betr. steuerliches Einlagekonto (Anwendung der §§ 27 und 28 KStG 2002) v. 04.06.2003 – IV A 2-S 2836–2/03, BStBl. I 2003, S. 366.

BMF (2003b): Einkommensteuerliche Behandlung von Venture Capital und Private Equity Fonds; Abgrenzung der privaten Vermögensverwaltung vom Gewerbebetrieb v. 16.12.2003 – IV A 6 – S 2240 – 153/03, BStBl. I 2004, S. 40.

BMF (2011a): Schreiben betr. Behandlung der Einbringung zum Privatvermögen gehörender Wirtschaftsgüter in das betriebliche Gesamthandsvermögen einer Personengesellschaft v. 11.07.2011 – IV C 6 – S 2178/09/10001, BStBl. I 2011, S. 713.

BMF (2011b): Schreiben betr. Anwendung des Umwandlungssteuergesetzes i. d. F. des Gesetzes über steuerliche Begleitmaßnahmen zur Einführung der Europäischen Gesellschaft und zur Änderung weiterer steuerrechtlicher Vorschriften (SEStEG) – Umwandlungssteuererlass 2011 (UmwStE 2011) v. 11.11.2011 – IV C 2 – S 1978-b/08/10001, BStBl. I 2011, S. 1314.

L. Hierath, *Disquotale Gewinnausschüttungen und Einlagen*, BestMasters,
https://doi.org/10.1007/978-3-658-49849-8

BMF (2013): Steuerliche Anerkennung inkongruenter Gewinnausschüttungen v. 17.12.2023 – IV C 2 – S 2750 a/11/10001, BStBl. I 2014, S. 63.

BMF (2016): Einbringung eines Wirtschaftsguts in eine Personengesellschaft gegen Gutschrift auf dem sog Kapitalkonto II; Anwendung der BFH-Urteile v. 29.7.2015 – IV R 15/14 und v. 4.2.2016 – IV R 46/12 v. 26.07.2016 – IV C 6 – S 2178/09/10001, BStBl. I 2016, S. 684.

BMF (2024): Steuerliche Anerkennung inkongruenter Gewinnausschüttungen v. 04.09.2024 – IV C 2 – S 2742/19/10004:003, DStR 2024, Heft 37, S. 2125.

BT-Drs. 15/3336: Beschlussempfehlung und Bericht des Finanzausschusses (7. Ausschuss) a) zu dem Gesetzentwurf der Fraktionen SPD und BÜNDNIS 90/DIE GRÜNEN – Drucksache 15/3189 – Entwurf eines Gesetzes zur Förderung von Wagniskapital b) zu dem Gesetzentwurf des Bundesrates – Drucksache 15/1405 – Entwurf eines Gesetzes zur Besteuerung von Wagniskapitalgesellschaften vom 16.06.2004.

BT-Drs. 16/7918: Entwurf eines Gesetzes zur Reform des Erbschaftsteuer- und Bewertungsrechts (Erbschaftsteuerreformgesetz – ErbStRG) vom 28.01.2008.

BT-Drs. 17/7524: Bericht des Finanzausschusses (7. Ausschuss) zu dem Gesetzesentwurf der Bundesregierung – Drucksache 17/6263 – Entwurf eines Gesetzes zur Umsetzung der Beitreibungsrichtlinie sowie zur Änderung steuerlicher Vorschriften (Beitreibungsrichtlinie-Umsetzungsgesetz – BeitrRLUmsG) vom 26.10.2011.

BT-Drs. 19/27635: Entwurf eines Gesetzes zur Modernisierung des Personengesellschaftsrechts (Personengesellschaftsrechtsmodernisierungsgesetz – MoPeG) vom 17.03.2021.

BT-Drs. 20/9396: Bericht des Finanzausschusses (7. Ausschuss) zu dem Gesetzentwurf der Bundesregierung – Drucksachen 20/8628, 20/9006, 20/9243 Nr. 1.8 – Entwurf eines Gesetzes zur Stärkung von Wachstumschancen, Investitionen und Innovation sowie Steuervereinfachung und Steuerfairness (Wachstumschancengesetz) vom 16.11.2023.

BT-Drs. 20/9782: Beschlussempfehlung und Bericht des Finanzausschusses (7. Ausschuss) zu dem Gesetzentwurf der Bundesregierung – Drucksachen 20/9093, 20/9647 – Entwurf eines Gesetzes zur Förderung geordneter Kreditzweitmärkte und zur Umsetzung der Richtlinie (EU) 2021/2167 über Kreditdienstleister und Kreditkäufer sowie zur Änderung weiterer finanzmarktrechtlicher Bestimmungen (Kreditzweitmarktförderungsgesetz) vom 13.12.2023.

ErbStG (2024): Erbschaftsteuer- und Schenkungsteuergesetz vom 27.02.1997 (BGBl. I S. 378) mit allen späteren Änderungen, einschließlich der Änderung durch das Gesetz vom 27.03.2024 (BGBl. 2024 I Nr. 108).

ErbStR (2019): Erbschaftsteuer-Richtlinien 2019 vom 16.12.2019 (BStBl. I Sondernummer 1/2019 S. 2).

EStG (2024): Einkommensteuergesetz vom 08.10.2009 (BGBl. I S. 3366, ber. I 2009 S. 3862) mit allen späteren Änderungen, einschließlich der Änderung durch das Gesetz vom 27.03.2024 (BGBl. 2024 I Nr. 108).

EStR (2012): Einkommensteuer-Richtlinien 2012 vom 16.12.2005 (BStBl. I Sondernummer 1/2005) mit allen späteren Änderungen, einschließlich der Änderung durch das Gesetz vom 25.03.2013 (BStBl. I S. 276).

GmbHG a. F. (2023): Gesetz betreffend die Gesellschaften mit beschränkter Haftung vom 20.05.1898 (RGBl. S. 846) mit allen späteren Änderungen, einschließlich der Änderung durch das Gesetz vom 04.05.2021 (BGBl. I S. 882).

GmbHG (2024): Gesetz betreffend die Gesellschaften mit beschränkter Haftung vom 20.05.1898 (RGBl. S. 846) mit allen späteren Änderungen, einschließlich der Änderung durch das Gesetz vom 22.02.2023 (BGBl. 2023 I Nr. 51).

HGB a. F. (2023): Handelsgesetzbuch vom 10.05.1897 (RGBl. S. 219) mit allen späteren Änderungen, einschließlich der Änderung durch das Gesetz vom 21.12.2023 (BGBl. 2023 I Nr. 397).

HGB (2024): Handelsgesetzbuch vom 10.05.1897 (RGBl. S. 219) mit allen späteren Änderungen, einschließlich der Änderung durch das Gesetz vom 11.4.2024 (BGBl 2024 I Nr. 120).

KStG (2024): Körperschaftsteuergesetz vom 15.10.2002 (BGBl. I S. 4144) mit allen späteren Änderungen, einschließlich der Änderungen durch das Gesetz vom 27.03.2024 (BGBl. 2024 I Nr. 108).

KStR (2022): Körperschaftsteuer-Richtlinien 2022 vom 13.04.2022 (BStBl. 2022 I Sondernummer 1 S. 2) mit den Körperschaftsteuer-Hinweisen 2022.

MoPeG (2021): Gesetz zur Modernisierung des Personengesellschaftsrechts (Personengesellschaftsrechtsmodernisierungsgesetz – MoPeG) vom 10.08.2021 (BGBl. I S. 3436) mit allen späteren Änderungen, einschließlich der Änderung durch das Gesetz vom 22.12.2023 (BGBl. 2023 I Nr. 411).

Oberste Finanzbehörden der Länder (2012): Gleichlautender Erlass betr. Schenkungen unter Beteiligung von Kapitalgesellschaften oder Genossenschaften vom 14.03.2012 (BStBl. I S. 331).

Oberste Finanzbehörden der Länder (2014): Bewertung der Anteile an einer Kapitalgesellschaft oder einer Beteiligung an einer Personengesellschaft für Zwecke der Erbschaft- und Schenkungsteuer in Sonderfällen vom 05.06.2014 (BStBl. 2014 I S, 882).

Oberste Finanzbehörden der Länder (2018): Gleich lautende Erlasse betr. Schenkungen unter Beteiligung von Kapitalgesellschaften oder Genossenschaften vom 20.04.2018 (BStBl. I S. 632).

OECD-MA: OECD-Musterabkommen 2017 zur Beseitigung der Doppelbesteuerung sowie der Steuerverkürzung und -umgehung auf dem Gebiet der Steuern vom Einkommen und vom Vermögen, in der Fassung des OECD Update 2017 vom 21.11.2017.

OFD Frankfurt/M. (2014): Ausschüttungen aus dem steuerlichen Einlagekonto v. 04.02.2014 – S 2244 A – 41 – St 215, DStR 2014, Heft 18, S. 903 – 904.

OFD Frankfurt/M. (2015): Disquotale Gewinnverteilung bei Personengesellschaften, Rundverfügung v. 13.05.2015 – S 2241 A – 9 – St 213, DStR 2015, Heft 32, S. 1802.

SolZG (2024): Solidaritätszuschlaggesetz vom 15.10.2002 (BGBl. I S. 4130) mit allen späteren Änderungen, einschließlich der Änderung durch das Gesetz vom 08.12.2022 (BGBl. I S. 2230).

UntStRefG (2007): Unternehmensteuerreformgesetz 2008 vom 14.08.2007 (BGBl. I S. 1912) mit allen späteren Änderungen, einschließlich der Änderung durch das Gesetz vom 20.12.2008 (BGBl. I S, 2850).

Rechtsprechungsverzeichnis

Gericht / Jahr	Datum	Aktz.	Fundstelle	
BayObLG (1987)	v. 17.09.1987	BReg. 3 Z 122/87	DNotZ 1988	S. 252
BFH (1972)	v. 29.05.1972	GrS 4/71	BStBl. II 1973	S. 5
BFH (1975a)	v. 20.02.1975	IV R 15/71	BStBl. II 1975	S. 505
BFH (1975b)	v. 15.10.1975	I R 16/73	BStBl. II 1976	S. 188
BFH (1979)	v. 12.07.1979	II R 26/78	BStBl. II 1979	S. 631
BFH (1980a)	v. 12.02.1980	VIII R 114/77	BStBl. II 1980	S. 494
BFH (1980b)	v. 13.03.1980	IV R 59/76	BStBl. II 1980	S. 437
BFH (1980c)	v. 10.11.1980	GrS 1/79	BStBl. II 1981	S. 164
BFH (1981)	v. 29.09.1981	VIII R 8/77	BStBl. II 1982	S. 248
BFH (1984)	v. 25.06.1984	GrS 4/82	BStBl. II 1984	S. 751
BFH (1986)	v. 24.07.1986	IV R 103/83	BStBl. II 1987	S. 54
BFH (1987)	v. 26.10.1987	GrS 2/86	BStBl. II 1988	S. 348
BFH (1988)	v. 07.12.1988	II R 150/85	BStBl. II 1989	S. 237
BFH (1989)	v. 22.02.1989	I R 9/85	BStBl. II 1989	S. 631
BFH (1990)	v. 23.08.1990	IV R 71/89	BStBl. II 1991	S. 172
BFH (1991)	v. 25.02.1991	GrS 7/89	BStBl. II 1991	S. 691
BFH (1992)	v. 01.07.1992	II R 70/88	BStBl. II 1992	S. 921
BFH (1994a)	v. 02.03.1994	II R 59/92	BStBl. II 1994	S. 366
BFH (1994b)	v. 14.09.1994	II R 95/92	BStBl. II 1995	S. 81
BFH (1995)	v. 25.10.1995	II R 67/93	BStBl. II 1996	S. 160
BFH (1997a)	v. 25.02.1997	VII R 15/96	BStBl. II 1998	S. 2

L. Hierath, *Disquotale Gewinnausschüttungen und Einlagen*, BestMasters,
https://doi.org/10.1007/978-3-658-49849-8

Gericht / Jahr	Datum	Aktz.	Fundstelle	
BFH (1997b)	v. 29.10.1997	II R 60/94	BStBl. II 1997	S. 832
BFH (1998)	v. 19.10.1998	VIII R 69/95	BStBl. II 2000	S. 230
BFH (1999)	v. 19.08.1999	I R 77/96	BStBl. II 2001	S. 43
BFH (2000)	v. 12.12.2000	VIII R 62/93	BStBl. II 2001	S. 234
BFH (2005a)	v. 27.04.2005	II B 76/04	BFH/NV 2005	S. 1627
BFH (2005b)	v. 30.11.2005	I R 3/04	BStBl. II 2008	S. 809
BFH (2006a)	v. 25.04.2006	VIII R 74/03	BStBl. II 2006	S. 595
BFH (2006b)	v. 28.06.2006	I R 97/05	BFH/NV 2006	S. 2207
BFH (2007a)	v. 17.10.2007	II R 63/05	BStBl. II 2008	S. 381
BFH (2007b)	v. 07.11.2007	II R 28/06	BStBl. II 2008	S. 258
BFH (2008a)	v. 29.04.2008	I R 67/06	BStBl. II 2011	S. 55
BFH (2008b)	v. 15.05.2008	IV R 46/05	BStBl. II 2008	S. 812
BFH (2009a)	v. 06.10.2009	I R 24/08	GmbHR 2010	S. 160
BFH (2009b)	v. 09.12.2009	II R 28/08	BStBl. II 2010	S. 566
BFH (2009c)	v. 09.12.2009	II R 22/08	BStBl. II 2010	S. 363
BFH (2011)	v. 12.09.2011	VIII B 70/09	ZEV 2012	S. 58
BFH (2012)	v. 04.05.2012	VIII B 174/11	BFH/NV 2012	S. 1330
BFH (2013a)	v. 30.01.2013	II R 6/12	BStBl. II 2013	S. 930
BFH (2013b)	v. 18.07.2013	II R 37/11	BStBl. II 2013	S. 934
BFH (2014a)	v. 11.11.2014	I R 53/13	BFH/NV 2015	S. 686
BFH (2014b)	v. 04.12.2014	IV R 28/11	BFH/NV 2015	S. 495
BFH (2015)	v. 29.07.2015	IV R 15/14	BStBl. II 2016	S. 593
BFH (2016)	v. 04.02.2016	IV R 46/12	BStBl. II 2016	S. 607
BFH (2017a)	v. 22.02.2017	II R 52/14	BStBl. II 2017	S. 653
BFH (2017b)	v. 11.07.2017	IX R 36/15	BStBl. II 2019	S. 208
BFH (2017c)	v. 30.08.2017	II R 46/15	BStBl. II 2019	S. 38
BFH (2017d)	v. 13.09.2017	II R 54/15	BStBl. II 2018	S. 292
BFH (2018)	v. 11.12.2018	VIII R 11/16	DStR 2019	S. 1136
BFH (2020a)	v. 05.02.2020	II R 9/17	BStBl. II 2020	S. 658

Gericht / Jahr	Datum	Aktz.	Fundstelle	
BFH (2020b)	v. 01.12.2020	VIII R 21/17	BStBl. II 2021	S. 609
BFH (2020c)	v. 02.12.2020	II R 5/19	BStBl. II 2022	S. 15
BFH (2021)	v. 28.09.2021	VIII R 25/19	DStR 2022	S. 140
BFH (2022a)	v. 17.05.2022	VIII R 14/18	BStBl. II 2022	S. 643
BFH (2022b)	v. 28.09.2022	VIII R 20/20	BFH/NV 2023	S. 196
BFH (2022c)	v. 16.11.2022	X R 17/20	BStBl. II 2023	S. 484
BFH (2024a)	v. 10.04.2024	II R 22/21	DStR 2024	S. 2116
BFH (2024b)	v. 16.04.2024	VIII R 3/21	DStR 2024	S. 1643
BGH (1954)	v. 14.07.1954	II ZR 342/53	NJW 1954	S. 1563
BGH (1972)	v. 20.04.1972	II ZR 143/69	NJW 1972	S. 1755
BGH (1987)	v. 06.04.1987	II ZR 101/86	NJW 1987	S. 3124
BGH (1988)	v. 21.03.1988	II ZR 238/87	NJW 1988	S. 1841
BGH (1995)	v. 30.01.1995	II ZR 45/94	NJW 1995	S. 1027
BGH (2006)	v. 08.05.2006	II ZR 94/05	DStR 2006	S. 1240
BGH (2014)	v. 29.04.2014	II ZR 262/13	BeckRS 2014	14948
BVerfG (1975)	v. 27.08.1975	1 BvR 171/75	HFR 1975	S. 540
BVerfG (1984)	v. 15.05.1984	1 BvR 464/81	NJW 1984	S. 2514
BVerfG (1985)	v. 30.01.1985	1 BvR 279/83	NJW 1985	S. 1891
BVerfG (2006a)	v. 21.06.2006	2 BvL 2/99	NJW 2006	S. 2757
BVerfG (2006b)	v. 07.11.2006	1 BvL 10/02	NJW 2007	S. 573
FG Berlin (2000)	v. 31.07.2000	8 K 8401/97	EFG 2000	S. 1324
FG BW (2008)	v. 07.05.2008	13 K 146/04	EFG 2008	S. 1206
FG Düsseldorf (2018)	v. 12.12.2018	4 K 108/18 F	EFG 2019	S. 406
FG Hamburg (2023)	v. 11.07.2023	3 K 188/21	EFG 2023	S. 1466
FG Hamburg (2024)	v. 27.02.2024	3 K 117/22	EFG 2024	S. 1057
FG Hessen (2008)	v. 25.02.2008	9 K 577/03	NZG 2009	S. 320
FG Köln (2016)	v. 14.09.2016	9 K 1560/14	EFG 2016	S. 1875
FG München (2020)	v. 17.11.2020	12 K 2334/18	EFG 2021	S. 755
FG München (2023)	v. 10.05.2023	4 K 1420/20	EFG 2023	S. 1294

Gericht / Jahr	Datum	Aktz.	Fundstelle	
FG Münster (2020)	v. 06.05.2020	9 K 3359/18 E,AO	EFG 2020	S. 1603
FG Münster (2021)	v. 15.04.2021	3 K 3911/18 F	EFG 2021	S. 1179
FG NI (2009)	v. 29.10.2009	6 K 239/09	EFG 2010	S. 248
FG NI (2019)	v. 04.07.2019	10 K 181/17	EFG 2019	S. 1583
FG RP (2022)	v. 18.08.2022	4 K 2120/19	EFG 2023	S. 291
LG Frankfurt/M. (2014)	v. 23.12.2014	3–05 O 47/14	NZG 2015	S. 482
RG (1907)	v. 23.10.1907	I 30/07	RGZ 67	S. 13

Verzeichnis der Gesetzeskommentare und Handbücher

Altmeppen, H. (2023): § 29 GmbHG, in: Altmeppen, H. (Hrsg.), Gesetz betreffend die Gesellschaften mit beschränkter Haftung – Kommentar, 11. Aufl., München 2023.

Bauschatz, P. (2020): § 27 KStG, in: Gosch, D. (Hrsg.), Körperschaftsteuergesetz Kommentar, 4. Aufl., München 2020.

Bayer, W. (2024): § 60 AktG in: Goette, W. / Habersack, M. / Kalss, S. (Hrsg.), Münchner Kommentar zum Aktiengesetz, 6. Aufl., München 2024.

Berberich, J., Haaf, P. (2018): § 11 Prüfung und Feststellung des Jahresabschlusses sowie Ergebnis- und Gewinnverwendung, in: Drinhausen, F. / Eckstein, H. (Hrsg.), Beck'sches Handbuch der AG, 3. Aufl., München 2018.

Birnbaum, M. (2021): § 10 Ergebnisermittlung und Ergebnisverwendung, in: Prinz, U. / Winkeljohann, N. (Hrsg.), Beck'sches Handbuch der GmbH, 6. Aufl., München 2021.

Bochmann, C. (2024): §120 HGB, in: Ebenroth/Boujong, Handelsgesetzbuch, Band 1, 5. Aufl., München 2024.

Bode, W. (2024): § 15 EStG, in: Brandis, P. / Heuermann, B. (Hrsg.), Ertragsteuerrecht – Kommentar, 172. EL, München 2024.

Bormann, C. (2024): § 139 AktG, in: Henssler, M. / Stilz, E. / Veil, R. (Hrsg.), beck-online.Grosskommentar AktG, Stand 01.06.2024, München 2024.

Breithaupt, J. (2010): § 2 Wesentliche steuerliche Gesichtspunkte bei der Rechtsformwahl, in: Breithaupt, J. / Ottersbach, J. (Hrsg.), Kompendium Gesellschaftsrecht, 1. Aufl., München 2010.

Breyer, M., Matenaer, S. (2024): B.II.2 Disquotale und zeitlich versetzte Gewinnausschüttung, personengebundene Rücklagenkonten in: Breyer, M. / Najdecki, W. (Hrsg.), Beck'sches Formularbuch GmbH-Recht, 2. Aufl., München 2024.

Buge, R. (2024): § 20 EStG, in: Herrmann/Heuer/Raupach, EStG/KStG, 326. EL, Köln 2024.

Cahn, A. (2024): § 60 AktG, in: Henssler, M. / Stilz, E. / Veil, R. (Hrsg.), beck-online.Grosskommentar AktG, Stand 01.06.2024, München 2024.

Curdt, T. (2024): § 7 ErbStG, in: Kapp, R. / Ebeling, J. (Hrsg.), Erbschaftsteuer- und Schenkungsteuergesetz Kommentar, 100. EL, Köln 2024.

Desens, M., Blischke, A. (2024): § 15 EStG, in: Kirchhof/Söhn/Mellinghoff, Einkommensteuergesetz Kommentar, 345. EL, Heidelberg 2024.

Dötsch, F. (2024): § 97 BewG, in: Strenger, A. / Loose, M. (Hrsg.), Bewertungsrecht – Kommentar zum BewG, ErbStG und GrStG, 170. Lieferung, Köln 2024.

L. Hierath, *Disquotale Gewinnausschüttungen und Einlagen*, BestMasters, https://doi.org/10.1007/978-3-658-49849-8

Drüen, K. (2024): § 4 AO, in: Tipke, K. / Kruse, H. (Hrsg.), Abgabenordnung, Finanzgerichtsordnung – Kommentar, 181. Lieferung, Köln 2024.
Ehricke, U. (2020a): § 120 HGB, in: Ebenroth/Boujong, Handelsgesetzbuch, Band 1, 4. Aufl., München 2020.
Ehricke, U. (2020b): § 121 HGB, in: Ebenroth/Boujong. Handelsgesetzbuch, Band 1, 4. Aufl., München 2020.
Eisele, D. (2024): § 97 BewG, in: Rössler/Troll, Bewertungsgesetz mit Ländergrundsteuergesetzen – Kommentar, 38. EL, München 2024.
Ekkenga, J. (2022): § 29 GmbHG, in: Fleischer, H. / Goette, W. (Hrsg.), Münchner Kommentar zum GmbHG, Band 1, 4. Aufl., München 2022.
Esskandari, M. (2024): § 7 ErbStG, in: von Oertzen, C. / Loose, M. / Stalleiken, J. (Hrsg.), Erbschaftsteuer- und Schenkungsteuergesetz – Kommentar mit Bewertung und ErbSt-DBA, 3. Aufl., Köln 2024.
Fehrenbacher, O. (2024): § 97 BewG, in: Wilms/Jochum, Erbschaftsteuer- und Schenkungsteuergesetz mit Bewertungsgesetz und Grunderwerbsteuergesetz Kommentar, 132. EL, Bonn 2024.
Felten, C. (2024): § 7 ErbStG, in: Erkis, G. / Thonemann-Micker, S. (Hrsg.), BeckOK ErbStG, 24. Ed., München 2024.
Fischer, M. (2017): § 7 ErbStG, in: Fischer, M. / Pahlke, A. / Wachter, T. (Hrsg.), Haufe Erbschaft- und Schenkungsteuergesetz Kommentar, 6. Aufl., Freiburg 2017.
Fleischer, H. (2024): § 60 AktG, in: K. Schmidt/Lutter, Aktiengesetz Kommentar, 5. Aufl., Köln 2024.
Gebel, D. (2024): § 7 ErbStG, in: Troll/Gebel/Jülicher/Gottschalk, Erbschaftsteuer- und Schenkungsteuergesetz mit Bewertungsrecht und Verfahrensrecht – Kommentar, 68. EL, München 2024.
Gesell, H. (2020): § 4 Gesellschafter, in: Prinz, U. / Kahle, H. (Hrsg.), Beck'sches Handbuch der Personengesellschaften, 5. Aufl., München 2020.
Gosch, D. (2020): § 8 KStG, in Gosch, D. (Hrsg.), Körperschaftsteuergesetz Kommentar, 4. Aufl., München 2020.
Gottschalk, P. (2024): „Einführung" in: Troll/Gebel/Jülicher/Gottschalk, Erbschaftsteuer- und Schenkungsteuergesetz mit Bewertungsrecht und Verfahrensrecht – Kommentar, 68. EL, München 2024.
Götz, H. (2024a): § 2a ErbStG, in: Meßbacher-Hönsch, C. / Götz, H. (Hrsg.), ErbStG eKommentar, Stand 14.05.2024, Bonn 2024.
Götz, H. (2024b): § 7 ErbStG, in: Wilms/Jochum, Erbschaftsteuer- und Schenkungsteuergesetz mit Bewertungsgesetz und Grunderwerbsteuergesetz Kommentar, 132. EL, Bonn 2024.
Götz, H. (2024c): § 7 ErbStG, in: Meßbacher-Hönsch, C. / Götz, H. (Hrsg.), ErbStG eKommentar, Stand 19.08.2024, Bonn 2024.
Gräfe, M. (2024): § 15 ErbStG, in: Erkis, G. / Thonemann-Micker, S. (Hrsg.), BeckOK ErbStG, 24. Ed., München 2024.
Grigoleit, H., Rachlitz, R. (2020): § 60 AktG, in: Grigoleit, H. (Hrsg.), Aktiengesetz Kommentar, 2. Aufl., München 2020.
Grootens, M. (2024): § 97 BewG, in: Lippross, O. / Seibel, W. (Hrsg.), Basiskommentar Steuerrecht, 144. EL, Köln 2024.

Gummert, H. (2019): § 15 Ergebnisverteilung in: Gummert, H. / Weipert, L. (Hrsg.), Münchner Handbuch des Gesellschaftsrechts, Band 1: BGB-Gesellschaft, Offene Handelsgesellschaft, Partnerschaftsgesellschaft, Partenreederei, EWIV, 5. Aufl., München 2019.

Hallerbach D. (2024): § 4 EStG, in: Kanzler, H. / Kraft, G. / Bäuml, S. / Marx, F. / Hechtner, F. / Geserich, S. (Hrsg.), Einkommensteuergesetz Kommentar, 9. Aufl., Herne 2024.

Hamacher, S. (2024): § 8 KStG, in: Bott, H. / Walter, W. (Hrsg.), Körperschaftsteuergesetz Kommentar, 177. EL, Bonn 2024.

Hannes, F., Holtz, M. (2021a): § 7 ErbStG, in: Meincke/Hannes/Holtz, Erbschaftsteuer- und Schenkungsteuergesetz Kommentar, 18. Aufl., München 2021.

Hannes, F., Holtz, M. (2021b): § 16 ErbStG, in: Meincke/Hannes/Holtz, Erbschaftsteuer- und Schenkungsteuergesetz Kommentar, 18. Aufl., München 2021.

Helm, T., Haaf, P. (2018): § 10 Rechnungslegung und Aufstellung des Jahresabschlusses, in: Drinhausen, F. / Eckstein, H. (Hrsg.), Beck'sches Handbuch der AG, 3. Aufl., München 2018.

Hoffmann-Becking, M. (2020): § 47 AktG in: Hoffmann-Becking, M. (Hrsg.), Münchener Handbuch des Gesellschaftsrechts, Band 4, Aktiengesellschaft, 5. Aufl., München 2020.

Jaeger, C. (2024): § 3 GmbHG, in: Ziemons, H. / Jaeger, C. / Pöschke, M. (Hrsg.), BeckOK GmbHG, 60. Ed., München 2024.

Jochum, H. (2024): § 20 EStG, in: Kirchhof/Söhn/Mellinghoff, Einkommensteuergesetz Kommentar, 345. EL, Heidelberg 2024.

Kahle, H. (2020): § 7 Besteuerung von Personengesellschaften in: Ulrich, P. / Kahle, H. (Hrsg.), Beck'sches Handbuch der Personengesellschaften, 5. Aufl., München 2020.

Kahle, H., Hiller, M. (2020): § 6 Steuerrechtliche Rechnungslegung in: Ulrich, P. / Kahle, H. (Hrsg.), Beck'sches Handbuch der Personengesellschaften, 5. Aufl., München 2020.

Kersting, C. (2022): § 29 GmbHG in: Noack/Servatius/Haas, Beck'sche Kurzkommentar – Gesetz betreffend die Gesellschaften mit beschränkter Haftung, Band 20, 23. Aufl., München 2022.

Kilian, M. (2024): § 718 BGB in: Henssler, M. / Strohn, L. (Hrsg), Gesellschaftsrecht, 6. Aufl., München 2024.

Klimke, D. (2024): § 120 HGB, in: Häublein, M. / Hoffmann-Theinert, R. / Poll, J. (Hrsg.), BeckOK HGB, 43. Ed., München 2024.

Kluth, J. (2024): § 27 KStG, in: Lippross, O. / Seibel, W. (Hrsg.), Basiskommentar Steuerrecht, 144. EL, Köln 2024.

Koch, J. (2024): § 60 AktG, in: Koch, J. (Hrsg.), Beck'sche Kurz-Kommentare, Band 53, Aktiengesetz, 18. Aufl., München 2024.

Koenig, U. (2024): § 42 AO in: Koenig, U. (Hrsg.), Abgabenordnung Kommentar, 5. Aufl., München 2024.

Könen, D. (2024): § 709 BGB, in: Koch, J. (Hrsg.): Personengesellschaftsrecht Kommentar, 1. Aufl., Köln 2024.

Krebs, C. (2022): § 139 AktG, in: Hölters, W. / Weber, M. (Hrsg.), Aktiengesetz Kommentar, 4. Aufl., München 2022.

Krumm, M. (2024): § 6 EStG, in Brandis, P. / Heuermann, B. (Hrsg.), Ertragsteuerrecht – Kommentar, 172. EL., München 2024.

Leuschner, L. (2020): § 29 GmbHG, in: Habersack, M. / Casper, M. / Löbbe, M. (Hrsg.), GmbHG Großkommentar, Band 2, 3. Aufl., Tübingen 2020.

Lieder, J. (2023): § 708 BGB Gestaltungsfreiheit in Westermann, H. / Grunewald, B. / Maier-Reimer, G. (Hrsg.), Erman BGB, 17. Aufl., Köln 2023.

Lieder, J. (2024a): § 120 HGB, in: Oetker, H. (Hrsg.), Handelsgesetzbuch Kommentar, 8. Aufl., München 2024.

Lieder, J. (2024b): § 122 HGB, in: Oetker, H. (Hrsg.), Handelsgesetzbuch Kommentar, 8. Aufl., München 2024.

Marx, F., Dallmann, H. (2024): § 266 HGB, in: Baetge, J. / Kirsch, H. / Thiele, S. (Hrsg.), Bilanzrecht – Handelsrecht mit Steuerrecht und den Regelungen des IASB – Kommentar, 118. EL, Bonn 2024.

Micker, L. (2024): § 8 KStG, in Micker, L. / Pohl, C. (Hrsg.), BeckOK KStG, 21. Ed., München 2024.

Milatz, J., Christopeit, I. (2022): § 7 ErbStG, in: Burandt, W. / Rojahn, D. (Hrsg.), Beck'sche Kurzkommentare, Band 65, Erbrecht, 4. Aufl., München 2022.

Mock, S. (2023a): § 29 GmbHG, in: Michalski u. a., Kommentar zum Gesetz betreffend die Gesellschaften mit beschränkter Haftung (GmbH-Gesetz), Band 1, 4. Aufl., München 2023.

Mock, S. (2023b): § 121 HGB, in: Röhricht/Graf von Westphalen/Haas/Mock/Wöstmann Handelsgesetzbuch, 6. Aufl., Köln 2023.

Mock, S. (2023c): § 169 HGB, in: Röhricht/Graf von Westphalen/Haas/Mock/Wöstmann, Handelsgesetzbuch, 6. Aufl., Köln 2023.

Nacke, A. (2024): § 3 Nr. 40a EStG, in: Kanzler, H. / Kraft, G. / Bäuml, S. / Marx, F. / Hechtner, F. / Geserich, S. (Hrsg.), Einkommensteuergesetz Kommentar, 9. Aufl., Herne 2024.

Oellerich, I. (2024): § 27 KStG, in: Brandis, P. / Heuermann, B. (Hrsg.), Ertragsteuerrecht – Kommentar, 172. EL, München 2024.

Pentz, A. (2022): § 29 GmbHG, in: Rowedder/Pentz, Gesetz betreffend die Gesellschaften mit beschränkter Haftung – Kommentar, 7. Aufl., München 2022.

Pöschke, M. (2023): § 272 HGB, in: Henssler, H. / Dicken, A. / Fehrenbacher, O. / Hennrichs, J. / Kleindiek, D. / Watrin, C. (Hrsg.), beck-online.Grosskommentar HGB, Stand 01.09.2023, München 2023.

Priester, H. (2022a): § 120 HGB, in: Drescher, I. / Fleischer, H. / Schmidt, K. (Hrsg.), Münchner Kommentar zum Handelsgesetzbuch, Band 2, 5. Aufl., München 2022.

Priester, H. (2022b): § 121 HGB, in: Drescher, I. / Fleischer, H. / Schmidt, K. (Hrsg.), Münchner Kommentar zum Handelsgesetzbuch, Band 2, 5. Aufl., München 2022.

Prinz, U., Kaeser, C. (2018): § 10 Finanzströme, in: Kessler, W. / Kröner, M. / Köhler, S. (Hrsg.), Konzernsteuerrecht – National – International, 3. Aufl., München 2018.

Ratschow, E. (2024): § 20 EStG, in Brandis, P. / Heuermann, B. (Hrsg.), Ertragsteuerrecht – Kommentar, 172. EL, München 2024.

Reiner, G. (2024): § 266 HGB, in: Drescher, I. / Fleischer, H. / Schmidt, K. (Hrsg.), Münchner Kommentar zum Handelsgesetzbuch, Band 4, 5. Aufl., München 2024.

Rengers, J. (2024): § 8 KStG, in: Brandis, P. / Heuermann, B. (Hrsg.), Ertragsteuerrecht – Kommentar, 172. EL, München 2024.

Rieser, F. (2021): § 17 EStG, in: Prinz, U. / Winkeljohann, N. (Hrsg.), Beck'sches Handbuch der GmbH, 6. Aufl., München 2021.

Roser, F. (2020): § 8 KStG, in: Gosch, D. (Hrsg.), Körperschaftsteuergesetz Kommentar, 4. Aufl., München 2020.

Roth, M. (2024): § 169 HGB, in: Hopt, K. (Hrsg.), Beck'sche Kurzkommentare, Band 9, Handelsgesetzbuch, 43. Aufl., München 2024.

Salje, P. (2002): § 29 GmbHG, in: Michalski, L. (Hrsg.), Kommentar zum Gesetz betreffend die Gesellschaften mit beschränkter Haftung (GmbH-Gesetz), Band 1, 1. Aufl., München 2002.

Schäfer, C. (2020): § 721 BGB, in: Säcker, F. / Rixecker, R. / Oetker, H. / Limperg, B. (Hrsg.), Münchner Kommentar zum Bürgerlichen Gesetzbuch, Band 7, 8. Aufl., München 2020.

Schäfer, C. (2024a): § 709 BGB, in: Säcker, F. / Rixecker, R. / Oetker, H. / Limperg, B. (Hrsg.), Münchner Kommentar zum Bürgerlichen Gesetzbuch, Band 7, 9. Aufl., München 2024.

Schäfer, C. (2024b): § 714 BGB, in: Säcker, F. / Rixecker, R. / Oetker, H. / Limperg, B. (Hrsg.), Münchner Kommentar zum Bürgerlichen Gesetzbuch, Band 7, 9. Aufl., München 2024.

Schienke-Ohletz, T. (2024): § 2 ErbStG, in: von Oertzen, C. / Loose, M. / Stalleiken, J. (Hrsg.), Erbschaftsteuer- und Schenkungsteuergesetz – Kommentar mit Bewertung und ErbSt-DBA, 3. Aufl., Köln 2024.

Schuck, S. (2023): § 7 ErbStG, in: Viskorf, H. / Schuck, S. / Wälzholz, E. (Hrsg.), Erbschaftsteuer- und Schenkungsteuergesetz, Bewertungsgesetz – Kommentar, 7. Aufl., Herne 2023.

Seidler, H. (2024): § 5 EStG, in Kirchhof, G. / Kulosa, E. / Ratschow, E. (Hrsg.), BeckOK EStG, 19. Ed., München 2024.

Servatius, W. (2022): § 60 AktG, in: Wachter, T. (Hrsg.), AktG – Kommentar zum Aktiengesetz, 4. Aufl., Köln 2022.

Servatius, W. (2024): § 708 BGB, in: Henssler, M. / Strohn, L. (Hrsg.), Gesellschaftsrecht, 6. Aufl., München 2024.

Sobanski, S., Bäuml, S. (2024): § 15 EStG, in: Kanzler, H. / Kraft, G. / Bäuml, S. / Marx, F. / Hechtner, F. / Geserich, S. (Hrsg.), Einkommensteuergesetz Kommentar, 9. Aufl., Herne 2024.

Stadler, R., Hartmann, D. (2021): Kapitel B.I: Anlagevermögen: Finanzanlagen, in: Prinz, U., Kanzler, H. (Hrsg.), Handbuch Bilanzsteuerrecht, 4. Aufl., Herne 2021.

Stalbold, R. (2024): § 17 EStG, in: Herrmann/Heuer/Raupach, EStG/KStG, 326. EL, Köln 2024.

Stein, U. (2021): § 179 AktG, in: Goette, W. / Habersack, M. / Kalss, S. (Hrsg.), Münchner Kommentar zum Aktiengesetz, Band 4, 5. Aufl., München 2021.

Stöber, M. (2023): § 247 HGB, in: Henssler, H. / Dicken, A. / Fehrenbacher, O. / Heinrichs, J. / Kleindiek, D. / Watrin, C. (Hrsg.), beck-online.Grosskommentar HGB, Stand 01.09.2023, München 2023.

Stürner, R. (2021): §§ 721, 722 BGB in: Jauernig, Bürgerliches Gesetzbuch, 18. Aufl., München 2021.

Tappe, H. (2024): § 1 SolzG, in: Brandis, P. / Heuermann, B. (Hrsg.), Ertragsteuerrecht – Kommentar, 172. EL, München 2024.

Tiede, K. (2022): § 15 EStG, in: Herrmann/Heuer/Raupach, EStG/KStG, 326. EL, Köln 2024.

Valta, M. (2024): § 18 EStG, in: Brandis, P. / Heuermann, B. (Hrsg.), Ertragsteuerrecht – Kommentar, 172. EL, München 2024.

Vatter, S. (2024): § 12 AktG, in: Henssler, M. / Stilz, E. / Veil, R. (Hrsg.), beck-online.Grosskommentar AktG, Stand 01.06.2024, München 2024.

Verse, D. (2022): § 29 GmbHG, in: Scholz, GmbHG: Kommentar zum GmbH-Gesetz, Band 1, 13. Aufl., Köln 2022.

Von Falkenhausen, J., Schneider, H. (2019a): § 23 Beteiligung an Gewinn und Verlust, in: Gummert, H. / Weipert, L. (Hrsg.), Münchner Handbuch des Gesellschaftsrechts, Band 2: Kommanditgesellschaft, GmbH & Co. KG, Publikums-KG, Stille Gesellschaft, 5. Aufl., München 2019.

Von Falkenhausen, J., Schneider, H. (2019b): § 63 Ergebnisbeteiligung, in: Gummert, H./ Weipert, L. (Hrsg.), Münchner Handbuch des Gesellschaftsrechts, Band 1: BGB-Gesellschaft, Offene Handelsgesellschaft, Partnerschaftsgesellschaft, Partenreederei, EWIV, 5. Aufl., München 2019.

v. Selle, D. (2024): § 29 GmbHG, in: Henssler, M. / Strohn, L. (Hrsg.), Gesellschaftsrecht, 6. Aufl., München 2024.

Wälzholz, E. (2023): § 97 BewG, in: Viskorf, H. / Schuck, S. / Wälzholz, E. (Hrsg.), Erbschaftsteuer- und Schenkungsteuergesetz, Bewertungsgesetz – Kommentar, 7. Aufl., Herne 2023.

Weiss, M. (2023): Systematische Darstellung 3 Besteuerung der GmbH, in: Michalski u. a., Kommentar zum Gesetz betreffend die Gesellschaften mit beschränkter Haftung (GmbH-Gesetz), Band 1, 4. Aufl., München 2023.

Wilk, S. (2024): § 8 KStG, in: Herrmann/Heuer/Raupach, EStG/KStG, 326. EL, Köln 2024.

Literaturverzeichnis

Bachem, E. (2022): Das Ende des Gesamthandsprinzips durch das MoPeG und Auswirkungen im Steuerrecht, in DStR 2022, Heft 14, S. 725–729.

Balmes, F., Graessner, H. (2002): Steuerrechtliche Behandlung von tracking stocks, in DStR 2002, Heft 20/21, S. 838–841.

Bartmuß, R., Möser, M. (2001): Die inkongruente Gewinnausschüttung nach dem BMF-Erlass vom 7.12.2000, in BB 2001, Heft 26, S. 1329–1336.

Baumgartner, R. (2021): Der Carried Interest als steuerlich anzuerkennende Gewinnverteilungsabrede bei vermögensverwaltenden Private Equity-Fonds – Zugleich Anmerkung zum Urteil des FG München – 12 K 2334/18, in DStR 2021, Heft 32, S. 1858–1863.

Bäuml, S. (2020): Disquotale Einlagen in Personen- und Kapitalgesellschaften im Schenkungsteuerrecht – Der Gesetzgeber ist gefordert, in NWB 2020, Heft 41, S. 3030–3040.

Bender, B., Bracksiek, T. (2014): Satzungsdurchbrechende Beschlüsse als Grundlage der steuerlichen Anerkennung inkongruenter Gewinnausschüttungen, in DStR 2014, Heft 4, S. 121–126.

Bertram, I. (2017): Der Unterschied zwischen Steuerersparnis und Steuerstundung beim steuerlichen Einlagekonto, in WPg 2017, Heft 3, S. 150–157.

Binnewies, B. (2011): Schenkungsteuerliche Behandlung von Zuwendungen zwischen Kapitalgesellschaft und Gesellschafter, in GmbHR 2011, Heft 19, S. 1022–1030.

Binnewies, B. (2013): Keine Schenkung der Gesellschaft bei Ausschüttungen an Gesellschafter oder nahestehende Personen, in GmbHR 2013, Heft 9, S. 449–452.

Birkenmaier, M., Obser, R. (2022): Neue Gestaltungs- und Handlungsspielräume für die inkongruente, disquotale bzw. gespaltene Gewinnverwendung und -verteilung bei der GmbH, in GmbHR 2022, Heft 16, S. 850–859.

Birnbaum, M. (2009): Der Streit um die disquotale Einlage, in ZEV 2009, Heft 3, S. 125–129.

Birnbaum, M., Escher, J. (2014): Inkongruente Gewinnverteilung bei Kapital- und Personengesellschaften, in DStR 2014, Heft 29, S. 1413–1418.

Blumers, W., Beinert, S., Witt, S. (2002): Individuell gesteuerter Gewinnfluss zur Gesellschafterebene bei Kapitalgesellschaften (Teil I), in DStR 2022, Heft 14, S. 565–570.

Borggräfe, J., Staud, M. (2017): Das eigene Vermögen der Personengesellschaft – Hat der BFH für die Erbschaft- und Schenkungsteuer ein „Sonder"-Zivilrecht geschaffen?, in NWB 2017, Heft 34, S. 2605–2619.

L. Hierath, *Disquotale Gewinnausschüttungen und Einlagen*, BestMasters,
https://doi.org/10.1007/978-3-658-49849-8

Brüggemann, G. (2020): Erbschaftsteuerrichtlinien 2019: Aktuelle Neuerungen in den Richtlinien zur Erbschaftsteuer in ErbBstg 2020, Heft 1, S. 12–21.

Burwitz, G. (2024): Carried Interest als Gewinnverteilungsabrede, in NZG 2024, Heft 22, S. 1021–1023.

Christopeit, I. (2021): Was folgt aus der Transparenz von PersGes. bei der ErbSt für sachliche Steuerbefreiungen bei verdeckten disquotalen Einlagen?, in DB 2021, Heft 23, S. 1229–1233.

Cichy, P., Heins, J. (2010): Tracking Stocks: Ein Gestaltungmittel für deutsche Unternehmen (nicht nur) bei Börsengängen, in AG 2010, Heft 6, S. 181–192.

Cornelius, L., Mark, T., Karadeniz, H. (2024): Erbschaftsteuerliche Betrachtung von Personengesellschaften – Eine Analyse im Lichte des MoPeG 2024, des Wachstumschancengesetzes und des Kreditmarktförderungsgesetzes unter Einbezug des § 7 Abs. 8 ErbStG, in NWB-EV 2024, Heft 2, S. 44–50.

Cremer, U. (2024): Einlage Personengesellschaft, in Kontierungslexikon vom 14.03.2024, NWB NAAAJ-57193.

Crezelius, G. (2011): Disquotale Einlagen und verdeckte Gewinnausschüttungen – Bemerkungen zu einem Gesetzentwurf, in ZEV 2011, Heft 8, S. 393–397.

Desens, M., Hummel, D. (2011): Zur Vermeidung einer Doppelbesteuerung der Destinatäre bei der Auflösung einer Stiftung mit Einkommen- und Schenkungsteuer, in DStZ 2011, Heft 19, S. 710–718.

Eggert, W. (2016): Überlassung von Kapital durch Mitunternehmer, in BBK 2016, Nr. 17, S. 830–840.

Erhart, G., Riedel, H. (2008): Disquotale Gewinnausschüttungen bei Kapitalgesellschaften – gesellschafts- und steuerrechtliche Gestaltungsmöglichkeiten, in BB 2008, Heft 42, S. 2266–2274.

Fischer, M. (2012): Die Neuregelung des § 7 Abs. 8 ErbStG durch das BeitrRLUmsG, in ZEV 2012, Heft 2, S. 77–84.

Fischnaler, R. (2020): Schenkungsteuer bei disquotaler Einlage in das Gesellschaftsvermögen einer KG, in FR 2020, Heft 20, S. 959–964.

Forst, P., Schaaf, A., Hannweber, P. (2014): Behandlung der inkongruenten Gewinnausschüttung nach Maßgabe des neuen BMF-Schreibens, in GmbH-StB 2014, Heft 9, S. 268–273.

Förster, G. (2015): Aktuelle Fragen der Besteuerung von Kapitalgesellschaften, in DB 2015, Heft 7, S. 331–340.

Friederichs, K., Köhler, S. (2004): Gesetz zur Förderung von Wagniskapital beschlossen, in DB 2004, Heft 31, S. 1638–1640.

Friz, F., Grünwald, K. (2012): Disquotale Gesellschafts- und Gesellschafterleistungen im Schenkungsteuerrecht – quo vadis?, in FR 2012, Heft 19, S. 911–921.

Garbe, S. (2021): Disquotale Gewinnverteilung und individuelle Rücklagenbildung bei der Aktiengesellschaft, in GWR 2021, Heft 20, S. 379–382.

Geißelmeier, W., Kammeter, R. (2006): Inkongruente Gewinnausschüttung und Gestaltungsmissbrauch – BFH billigt „Rücklagenmanagement", in NWB 2006, Heft 51, S. 4397–4402.

Gelhaar, M., Saecker, C. (2011): Die Wertermittlung des Anteils an einer Personengesellschaft für erbschaftsteuerliche Zwecke in UVR 2011, Heft 4, S. 125–128.

Georg, Y. (2020): Schenkungsteuer bei disquotaler Einlage in das Gesellschaftsvermögen einer KG, in ZEV 2020, Heft 9, S. 570–574.

Gerlach, K. (2010): Kann der Anteil des Kommanditisten am Betriebsvermögen für Zwecke der Erbschaftsteuer negativ sein?, in DStR 2010, Heft 7, S. 309–312.

Geserich, S. (2016): Gehaltsverzicht als im Wege einer verdeckten Einlage zugeflossener Arbeitslohn, in NWB 2016, Heft 37, S. 2768–2769.

Grever, S. (2019): Disquotale Ausgestaltung von Gesellschafterrechten – zivilrechtliche Gestaltungsmöglichkeiten und steuerrechtliche Folgen, in RNotZ 2019, Heft 1-2, S. 1–18.

Groh, M. (1999): Schenkung durch disquotale Einlagen?, in DStR 1999, Heft 26, S. 1050–1053.

Harbarth, S., Zeyher, S., Brechtel, M. (2016): Gestaltung einer von der Satzung und dem gesetzlichen Regelfall abweichenden Gewinnauszahlungsabrede in der Aktiengesellschaft, in AG 2016, Heft 22, S. 801–809.

Hermes, L. (2020): Die zeit-inkongruente Gewinnabrede bei der GmbH als steuerliches Gestaltungsinstrument in der Unternehmensnachfolge, in DB 2020, Heft 25, S. 1302–1310.

Heusel, M., Goette, M. (2017): Zum Gewinnausschüttungsanspruch bei Pattsituationen in der GmbH, in GmbHR 2017, Heft 8, S. 385–392.

Hörster, R. (2024): Das Wachstumschancengesetz nach Abschluss des Gesetzgebungsverfahrens – Teil 2: Änderungen gegenüber dem Regierungsentwurf in der AO, im KStG, UStG und in weiteren Gesetzen, in NWB 2024, Heft 18, S. 1232–1252.

Huber, U. (1988): Gesellschafterkonten in der Personengesellschaft, in ZGR 1988, Heft 1, S. 1–103.

Hübner, H., Friz, F., Grünwald, K. (2019): Disquotale Gesellschafts- und Gesellschafterleistungen: Wird endlich gut, was lange währt?, in DStR 2019, Heft 38, S. 1945–1954.

Kamchen, S., Kling, J. (2015): Disquotale Gewinnausschüttungen – Zivil- und steuerrechtliche Fragestellungen und Problemfelder, in NWB 2015, Heft 12, S. 819–826.

Kilincsoy, E. (2021): Analyse der Modernisierung des Personengesellschaftsrechts durch das MoPeG, in FR 2021, Heft 6, S. 248–254.

Kirchhof, P. (2011): Bundessteuergesetzbuch – Ein Reformentwurf zur Erneuerung des Steuerrechts, 1. Aufl., Heidelberg 2011.

Klaus, A., Manthey, J. (2023): Inkongruente Gewinnausschüttungen aus Kapitalgesellschaften im Zivil- und Steuerrecht – Teil 1, in MittBayNot 2023, Heft 6, S. 558–565.

Klaus, A., Manthey, J. (2024): Inkongruente Gewinnausschüttungen aus Kapitalgesellschaften im Zivil- und Steuerrecht – Teil 2, in MittBayNot 2024, Heft 1, S. 10–15.

Kleinert, J., Krogoll, K., Anissimov, W. (2024): Die disquotale Einlage im Schenkungsteuerrecht, in DStR 2024, Heft 15, S. 785–791.

Knittel, M. (2023): Disquotale Einlage in die ungebundene Kapitalrücklage einer KGaA als schenkungsteuerpflichtiger Vorgang, in ErbStB 2023, Heft 11, S. 316–317.

Koch, J. (2015): Höherrangiges Satzungsrecht vs. Schuldrechtliche Satzungsüberlagerung, in AG 2015, Heft 7, S. 213–222.

Koehler, C. (2019): Die disquotale Ausschüttung in der GmbH, in GmbHR 2019, Heft 19, S. 1043–1050.

Kotzenberg, J., Riedel, L. (2019): Die personengebundene Kapitalrücklage als Instrument zur Vermeidung von Schenkungen i.S.d. § 7 Abs. 8 Satz 1 ErbStG bei disquotalen Einlagen, in DB 2019, Heft 48, S. 2655–2659.

Lauer, P., Dürr, J. (2022): Steuerliche Anerkennung gespaltener Gewinnverwendung, in GWR 2022, Heft 8, S. 138.

Lauer, P., Weustenfeld, F. (2022): Inkongruente Gewinnausschüttungen oder „Gesellschaftsrecht vs. Finanzverwaltung"?, in DB 2022, Heft 16, S. 985–995.

Leidel, S. (2021): Schenkungsteuer bei disquotalen Einlagen in Personengesellschaften, in DStR 2021, Heft 1, S. 13–17.

Leuering, D., Rubner, D. (2011): Vorabgewinnausschüttungen im Recht der GmbH, in NJW-Spezial 2011, Heft 7, S. 207–208.

Ley, U. (2014): Themen – Gesellschafterkonten einer Personengesellschaft in der Handels- und Steuerbilanz – eine Fortschreibung in KÖSDI 2014, Heft 5, S. 18844.

Loose, M. (2013): Schenkungen unter Beteiligung von Kapitalgesellschaften (§ 7 Abs. 8 ErbStG), in GmbHR 2013, Heft 11, S. 561–565.

Lüdenbach, N. (2009): Geleistete, im Handelsregister noch nicht als Kapitalerhöhung eingetragene Einlage, in StuB 2009, Heft 4, S. 153–154.

Milatz, J., Hornburg, C., Schulz, M. (2020): Begünstigungsfähigkeit gem. §§ 13a, 13b ErbStG von verdeckten Einlagen in Personengesellschaften, in ZEV 2020, Heft 5, S. 275–280.

Mirbach, S., Egelhof, J. (2023): Disquotale Gewinnausschüttungen in der steuerlichen Gestaltungspraxis, in WPg 2023, Heft 11, S. 651–658.

Moldenhauer, D. (2021): Zur Steuerlichen Anerkennung inkongruenter Gewinnausschüttungen, in DStRK 2021, Heft 23, S. 312.

Ott, H. (2017): Aktuelle Entwicklungen und Gestaltungsüberlegungen zum steuerlichen Einlagekonto, in DStR 2017, Heft 28, S. 1505–1511.

Ott, H. (2021): Die personengebundene Kapitalrücklage bei der GmbH – Steuerliche Folgen der disquotalen Einzahlung und Einlagenrückgewähr, in DStR 2021, Heft 16, S. 897–905.

Ott, H. (2022): Steuerliches Einlagekonto nach § 27 KStG und Einlagenrückgewähr – Haftungsgefahren erkennen – Fehler vermeiden – Fehler korrigieren, 3. Aufl., Nürnberg 2022.

Ott, H. (2023): Inkongruente und gespaltene Gewinnverteilungen als Gestaltungsmöglichkeit, in StuB 2023, Heft 4, S. 163–168.

Ottersbach, J. (2023): Disquotale und gespaltene Gewinnausschüttungen, in BB 2023, Heft 16, S. 855–859.

Perwein, S. (2010): Einbringung eines Einzelunternehmens im Wege der Kapitalerhöhung – Schenkung an die Mitgesellschafter der GmbH?, in GmbHR 2010, Heft 3, S. 133–138.

Pörschke, M. (2017): Disquotale Gewinnausschüttungen bei der GmbH, in DB 2017, Heft 21, S. 1165–1169.

Potsch, N., Urbach, E. (2012): Themen – Leistungen zwischen Kapitalgesellschaften und ihren Gesellschaftern aus schenkungsteuerlicher Sicht, in KÖDSI 2012, Heft 1, S. 17747–17752

Priester, H. (2015): Schuldrechtliche Vereinbarungen zur Gewinnverteilung in der AG, in ZIP 2015, Heft 45, S. 2156–2159.

Rätke, B. (2016): Übertragung eines Wirtschaftsguts gegen Gutschrift auf Kapitalkonto II, in StuB 2016, Heft 8, S. 287–291.

Reich, M., Herrmann, N. (2024): Die Anpassungen des ErbStG an das MoPeG und weitere mögliche Änderungen durch das Wachstumschancengesetz, in ZEV 2024, Heft 1, S. 13–17.

Riepolt, J. (2022): Anteile an Personengesellschaften in Handels- und Steuerbilanz, in BBK 2022, Heft 23, S. 1097–1106.

Röder, E. (2023): Der Einfluss des MoPeG auf die Besteuerung von Personengesellschaften, in DStR 2023, Heft 20, S. 1085–1094.

Rohde, J. (2021): Schenkungsteuerrechtliche Behandlung disquotaler Einlagen in Personengesellschaften – Zur Sinnhaftigkeit einer „eigenständigen schenkungsteuerrechtlichen Prüfung", in NZG 2021, Heft 33, S. 1491–1495.

Rose, G. (2002): Zur steuerlichen Beurteilung einvernehmlicher inkongruenter Gewinnverteilungen in Personen- und Kapitalgesellschaften, in FR 2002, Heft 1, S. 1–10.

Rothenberger, F. (2024): Verschonungsabschlag für mittelbar zugewendete Anteile an Kapitalgesellschaften i.S.d. § 13b Abs. 1 Nr. 3 ErbStG, in ErbStB 2024, Heft 7, S. 186–188.

Sanning, D., Dickersbach, W. (2024): 20 Jahre Private-Equity-Erlass – Vom Wandel der Verkehrsanschauung in fünf Akten, in DStR 2024, Heft 13–14, S. 725–733.

Schäfer, C. (2021): Welche Änderungen bringt das neue Personengesellschaftsrecht? Beitrag und Einlage, Kapitalanteil, Gewinnverteilung und Jahresabschluss in der Personenhandelsgesellschaft, in WPg 2021, Heft 15, S. 981-988.

Schall, A. (2021): Erzwingt das MoPeG die rechtsformneutrale Unternehmensbesteuerung?, in NZG 2021, Heft 12, S. 494–497.

Scheffler, W. (2018): Besteuerung von Unternehmen II, Steuerbilanz, 9. Aufl., Heidelberg 2018.

Scheffler, W. (2020): Besteuerung von Unternehmen I, Ertrag-, Substanz- und Verkehrsteuern, 14. Aufl., Heidelberg 2020.

Schiffers, J. (2023): Einlagekonto nach § 27 KStG als verbindende Größe zwischen den Besteuerungsebenen Kapitalgesellschaft und Gesellschafter, in DStZ 2023, Heft 7, S. 256–273.

Schmidtmann, D. (2014): Steuerplanung bei Kapitalgesellschaften mittels inkongruenter Gewinnausschüttungen nach dem BMF-Schreiben vom 17.12.2023, in Ubg 2014, Heft 8, S. 502–511.

Schulz, P., Brunner, M., Werz, R. (2005): Die disproportionale Gewinn- und Stimmrechtsverteilung – ein Instrument der Nachfolgeplanung, in BB Beilage 2005, Heft 32, S. 2–8.

Schulze-Osterloh, J. (2018): Disquotale Zuzahlungen der Gesellschafter in das Eigenkapital einer Kapitalgesellschaft und ihre Folgen für die Ermittlung des Veräußerungsgewinns nach § 17 Abs. 2 und 4 EStG, in BB 2018, Heft 8, S. 427–431.

Schwandtner, C. (2006): Disquotale Gewinnausschüttungen in Personen- und Kapitalgesellschaften, 1. Aufl., Köln 2006.

Seifert, M. (2020): Disquotale Gewinnausschüttungen und aktuelle Entwicklung, in StuB 2020, Heft 23, S. 956.

Selentin, P. (2020): Satzungsverletzung, Satzungsänderung – Satzungsdurchbrechung?, in NZG 2020, Heft 8, S. 292–298.

Servatius, W. (2020): Disquotale Ergebnisverteilung bei der GmbH – gesellschaftsrechtliche Todsünde?, in Schütze, R. / Klötzel, T. / Gebauer, M. (Hrsg.), Usus atque scientia – Festschrift für Roderich C. Thümmel zum 65. Geburtstag am 23. Oktober 2020, 1. Aufl., Berlin, Boston 2020.

Stenert, J. (2020): Schenkungsteuer bei disquotaler Einlage in das Gesellschaftsvermögen einer KG (3. Anmerkung aus Beratersicht), in Ubg 2020, Heft 9, S. 555–556.

Stöber, M., Kleinert, J. (2016): Kein Erfordernis der Fremdverwaltung im Investmentsteuerrecht – Zu den Grenzen der Gesetzesauslegung im Steuer(straf)recht, in BB 2016, Heft 5, S. 278–286.

Strahl, M. (2020): Schenkungsteuer | Disquotale Einlage in das Gesellschaftsvermögen einer KG, in NWB 2020, Heft 33, S. 2444–2446.

Strahl, M., Bauschatz, P. (2003): Disquotale Leistungsbeziehungen im Ertrag- und Erbschaftsteuer- sowie Gesellschaftsrecht, in KÖSDI 2003, Heft 2, S. 13616–13628.

Strauch, R., Sonnenschein, D. (2023): Anwendbarkeit der §§ 13a, 13b ErbStG bei Zuwendungen an Personengesellschaften, in DStR 2023, Heft 17, S. 862–868.

Strecker, A. (2022): Steuergestaltung mit inkongruenten Gewinnausschüttungen und – verteilungen bei GmbHs, in KÖSDI 2022, Heft 3, S. 22657–22669.

Tavakoli, A. (2006): Disquotale Gewinnausschüttungen in der Unternehmensnachfolge: Gesellschafts- und steuerrechtliche Rahmenbedingungen, in DB 2006, Heft 35, S. 1882–1888.

Töben, T., Schrepp, C. (2019): Besteuerung des Carried Interest (Teil I), in DStR 2019, Heft 10, S. 526–533.

Trossen, N. (2020): Schenkungsteuer bei disquotaler Einlage in das Gesellschaftsvermögen einer KG (1. Anmerkung aus Richtersicht), in Ubg 2020, Heft 9, S. 555.

van Lishaut, I., Ebber, B., Schmitz, S. (2012): Die schenkung- und ertragsteuerliche Behandlung disquotaler Einlagen und disquotaler Gewinnausschüttungen, in Ubg 2012, Heft 1, S. 1–13.

Viskorf, S., Haag, M., Kerstan, T. (2012): Verdeckte Einlagen und verdeckte Gewinnausschüttungen im Schenkungsteuerrecht, in NWB 2012, Heft 11, S. 927–940.

Wachter, T. (2020): Schenkungsteuer bei disquotalen Einlagen in Personengesellschaften, in GmbHR 2020, Heft 19, S. 1041–1056.

Wassermeyer, F. (1991): Verdeckte Gewinnausschüttungen im Zusammenhang mit Gesellschafter–Geschäftsführern, in DStR 1991, Heft 33, S. 1065–1068.

Weitemeyer, B., Maciejewski, T. (2021): Unternehmensteuerrecht, 1. Aufl., Heidelberg 2021.

Werner, R. (2019): Die disquotale Verteilung von Gesellschaftsrechten – Ein Überblick über gesellschaftsrechtliche Möglichkeiten und steuerliche Folgen, in NWB 2019, Heft 14, S. 959–967.

Werner, R. (2023): Disquotale Gewinnausschüttungen auf der Grundlage satzungsdurchbrechender Gesellschafterbeschlüsse bei der GmbH, in DStR 2023, Heft 17, S. 868–873.

Wertenbruch, J. (2022): Zum Stimmrecht der Komplementärin in GmbH & Co. KG und Einheits-GmbH & Co. KG nach MoPeG, in NZG 2022, Heft 20, S. 939–946.

Winkels, G. (2013): Gesellschafts- und steuerrechtliche Behandlung von Tracking Stocks bei Personen- und Kapitalgesellschaften, 1. Aufl., Göttingen 2013.

Winkels, G. (2014): Tracking Stocks als Gestaltungsmittel der Vermögensnachfolgeplanung bei Familiengesellschaften – Zur steuerlichen Anerkennung inkongruenter Gewinnausschüttungen in ErbStB 2014, Heft 5, S. 128–133.

Wollweber, M. (2019): Sieben Gedanken zu Klauseln in einer Satzung 2.0, in GmbHR 2019, Heft 16, S. 874–883.

Zapf, A. (2024): BB-Besprechungsreport zur Besteuerung von Kapitalgesellschaften 2022/2023 – Teil I, in BB 2024, Heft 4, S. 151–167.

Zeising, J. (2024): Erbschaft- und schenkungsteuerliche Transparenz der Personengesellschaften – Einfluss des MoPeG und „Schönheitsreparaturen“ durch das Kreditzweitmarktförderungsgesetz, in BB 2024, Heft 10, S. 535–539.

Zerbe, S. (2023): Rechtsprechung – 1. Bewertung eines GmbH-Anteils mit stark disquotal ausgestalteten Rechten. in Egner, T., Demmler, U. (Hrsg.), Steuerrecht aktuell 2/2023, S. 144–147, Herne 2023.

Zerbe, S., Bruckbauer, T. (2024): Das MoPeG und seine steuerlichen sowie verfahrensrechtlichen Auswirkungen, in Egner, T., Demmler, U. (Hrsg.), Steuerrecht aktuell 1/2024, S. 1–19, Herne 2024.

Zimmermann, R., Dorn, K., Wrede, A. (2021): Beteiligung an Personengesellschaften in der Handels- und Steuerbilanz, in NWB 2021, Heft 38, S. 2817–2824.

Kolibri 360 GmbH
Ferdinand-Jühlke-Straße 7
99095 Erfurt, Deutschland
produktsicherheit@kolibri360.de